복음서 해석의 기초와 설교

복음서 속으로 들어가기

| **나석주** 지음 |

쿰란출판사

추천사

성경과 독자 사이에는 상당한 간격이 있다. 지리적인 간격, 기후적인 간격, 문화적인 간격, 역사적인 간격 등이다. 우리가 성지의 지리나 기후, 문화나 역사를 안다면 성경은 훨씬 쉽고 재미있는 책이 될 것이다. 성경을 잘 알고자 하는 독자라면 성경에 관련된 여러 분야의 학문에 관심을 갖고 꾸준히 공부하여 그 간격을 최대한 없애야 한다. 그럴 때에 독자와 성경 사이의 간격이 좁혀지고, 성경은 보다 쉽게 이해될 것이다.

존 스토트(Rev. John Robert Walmsley Stott)는 그의 저서 《두 개의 세계 사이》(*Between Two Worlds*)에서 설교자를 성경의 세계와 청중의 세계 사이에서 하나님의 말씀을 증거하는 사람으로 정의하고 있다. 그렇다면 설교자가 설교를 잘하려면 성경의 세계도 잘 알아야 하고 청중의 세계도 잘 알아야 한다.

우선 성경의 세계를 잘 안다는 것이 만만하지 않다. 앞서 성경과 독자 사이의 간격 때문이다. 둘 사이에는 언어적인 간격, 지리적인 간격, 기후적인 간격, 문화적인 간격, 역사적인 간격 등이 있다. 그다음은 성경이 이해되었다고 해도 그 내용을 설교하고자 할 때는 메시지와 청중 사이의 간격이 있다.

본서는 설교자에 대한 존 스토트 목사님의 요청에 응답하는 책이다. 본서는 성경의 세계를 알아야만 해석이 되는 설교 본문에 대한 연구와 해석이 탁월하다. 본서는 성경 본문을 제대로 드러내기 위하여 필요할 때마다 이스라엘의 언어와 문화와 관습과 풍습 등을 소개하고 있다.

본서의 저자는 성경 본문에 대한 뛰어난 통찰을 보여준다. 성경을 사랑하고 영혼을 사랑하는 설교자의 통찰은 메시지를 쉽게 전달하며, 날카롭고 예리하게 복음을 설파한다. 본서는 본문에 대한 뛰어난 관찰을 보여주며, 그에 따른 정당한 해석과 설득력 있는 적용을 보여준다. 학자이며 설교자인 나석주 목사의 은사가 그대로 드러나 있다. 요점을 찌르는 촌철살인의 통찰과 돋보이는 해석이 압권이다.

모쪼록 많이 읽혀 많은 설교자들에게 자극이 되며 도전이 되는 유익한 책이 되길 바란다.

2021년 11월

최명덕 목사

(건국대학교 명예교수, 조치원성결교회)

추천사

나석주 목사님이 이번에 발간하는 책 《복음서 속으로 들어가기》의 추천사 의뢰를 받았습니다. 생소한 일이지만 한 번쯤은 해보고 싶었던 작업이었습니다. 책을 세상에 선보이기 전에 읽고 추천할 수 있다는 것은 뭔가 홀로 특별한 대우를 받는 기분이었습니다. 그에 못지않게 미리 읽어내려가는 기쁨은 저자와의 은밀한 교제를 나누는 듯했습니다.

제가 쓰는 서재에는 설교에 관한 책이 거의 절반을 차지하고 있습니다. 설교학, 설교방법론, 설교자의 자세, 설교 준비법 등이 있고 성경 해석에 대한 것과 설교집도 많이 있습니다. 읽을 때마다 다양한 시도를 해보았습니다. 하지만 이제야 알게 되었습니다. '이것이다' 할 만큼의 정석은 없다는 사실입니다. 목회를 하면서 예기치 않은 여러 상황을 만나보니 '초석은 있어도 정석은 없다'는 명제를 만들어 마음에 새기게 되었습니다. 더욱이 말씀을 해석해서 전한다는 것이 얼마나 위험하면서도 영광스러운 일인지는 설교자라면 똑같이 느끼는 감정일 것입니다.

저자는 설교를 "교인들을 건강하게 만든 '밥'이다. '식사'다. '먹거리'다"라고 정의했습니다. 하루를 살기 위해 식탁을 베풀 듯 목회자에게 설교는 피해갈 수 없는 짐입니다. 무거워도 내려놓을 수 없고, 가벼워도 지고 가야 합니다. 때로는 고운 옷을 입고 나가고, 때로는 전투복을 입고 나가고, 때로는 나들이옷을 입고 나가고, 때로는 손님 맞을 옷을 입고 나가고, 때로는 잔칫집에 가는 옷을 입고 나가기도 합니다. 그것도 내가 입고 싶어서 입는 옷이 아니고 입혀주셔서 입고 나가야 하는 옷입니다.

저자가 표현한 대로 설교자는 옷을 입어야 하는 사명을 가진 사람입니다. 하나님께서 입혀주시는 옷입니다. 문제는 하나님께서 입혀주신 옷이 무슨 옷인지 모른다는 데 있습니다. 옷을 해석해야 하는데 색깔조차 모른다면 낭패입니다. 말씀을 질료 삼아 영광을 취하는 설교자가 되기 십상입니다. 화려한 옷을 보려고 많은 사람들이 모여듭니다. 그렇게 화려한 옷만 보고 갑니다.

그런 의미에서 나석주 목사님이 세상에 내놓은 《복음서 속으로 들어가기》라는 책은 남다른 센스가 돋보입니다. 세상 속으로 파고 들어가려고 성육신하신 말씀을 세상 밖으로 끌어내는 센스입니다. 인카네이션(incarnation)하신 예수님을 엑스카네이션(ex-carnation)하는 작업으로 보였습니다. 엉뚱한 발상입니다. 그러나 시대를 가로지르는 시도입니다. 식상하지 않습니다. '어? 어?' 하는 감동이 있습니다. 유익합니다. 필요합니다. 한 번쯤은 시도해 보고, 매력에 빠지면 중독이 될 만합니다. 한곳에 머물러 있지 않고 계속 또 다른 곳으로 분출하는 샘과도 같았습니다. 물 댄 동산과도 같았습니다. 우리 시대에 꼭 필요한 작업이라는 확신이 들었습니다. 고맙습니다. 감동했습니다. '과연 나 목사님!'이라고 고개를 끄덕이게 되었습니다.

처음에는 저의 부족함 때문에 거절했던 추천사였습니다. 이제는 영광이라고 생각하며 잘했다고 스스로를 칭찬합니다. 많은 분들이 이 책을 읽으면 새로운 세계를 볼 수 있겠다는 믿음이 생겼습니다.

글을 읽으면서 참 대단한 분이라는 생각을 많이 했습니다. 읽는 내내 '나는 올바른 복음 해석자인가?', '내 생각과 내 입맛이 아닌 성경의 입맛에 맞는 설교자인가?', '사람을 만족시키는 설교인가, 교인들을 건강하게 하는 설교인가?'라며 반추하게 되었습니다.

이 책은 목회자의 고민을 딛고 일어선 확신이 담겨 있습니다. 올바른 설교, 올바른 목회를 하려는 몸부림이 이 책을 나오게 했다고 생각합니다. 성경적으로 살고 전하려는 간절함, 은혜가 은혜이기를 바라는 갈망, 올바른 해석을 위한 고민, 소리을 질러 영혼을 깜짝 놀라게 하기보다는 진실을 조용히 전하여 영혼을 일깨우는 설교, 재미가 아닌 거룩함, 충동이 아닌 역사 속에서 일어난 삶의 변화, 오해하고 있었던 성경적 스토리를 바로 아는 지혜, 이 모든 것이 복음서를 바로 해석할 때 오는 것임을 보여줍니다.

신령한 목회자는 끊임없이 공부하는 목회자임이 확실합니다. 저자는 생각으로 지나칠 수 있는 부분들을 흘려보내지 않았습니다. 꼼꼼히 글로 적어냈습니다. 자신의 경험을 그대로 사장시키기에는 너무 아까웠을 것입니다. 어떤 방법으로라도 한 번쯤은 애절함으로 남겨야 했습니다. 그렇게 목회자들을 사랑하고, 목회를 사랑하는 진실함이 담긴 책이 《복음서 속으로 들어가기》입니다. 편안합니다. 읽으면 정리가 됩니다. 이때 '엄지 척'을 하면서 자신 있게 하는 말이 생각났습니다. '강추!'를 행사할 것을 믿어 의심치 않으며 추천의 글을 갈음합니다.

2021년 11월

김학섭 목사

(청주신흥교회)

프롤로그

유대인들이 성경을 읽는 방법을 보면, 매우 중요한 점을 발견할 수 있다고 한다. 가령 그들이 출애굽기를 읽어나간다고 하면, 자신이 출애굽하는 백성의 한 사람이 되어서 상황과 환경을 공감하며 읽는 훈련이 되어 있다고 한다. 마찬가지로 독자인 우리가 복음서를 읽을 때 어떻게 하면 복음서 속으로 들어가서 예수님께서 말씀하시던 당시에 내가 현장에 존재한 것처럼 복음서를 실감나게 읽을 수 있을 것인가에 대해 고민하는 공감이 있었으면 한다.

2천 년 전, 지역도 다르고 문화와 생활 풍습, 의식구조, 언어도 다른 그 상황을 뛰어넘어 지금의 독자와의 그 간격을 어떻게 줄여 갈 수 있을 것인가를 고민해야 한다. 이 고민을 해결하기 위해서는 공부해야 하는 것은 분명하다. 성서지리를 공부하고, 유대인의 역사를 공부하고, 로마를 공부하고…. 우리는 공부를 통해서 복음서를 더 깊게 이해하고 체험할 수 있으리라 확신한다.

우리는 예수님을 사랑하고, 예수님을 더 잘 알고 싶어서 예수님의 말씀과 행동하셨던 일들을 직접 보고 듣기 위해 성지순례의 길에 오르기도 한다. 이것은 단순한 여행이나 관광이 목적이 아니다. 이 성지순례를 통해서 정말 많은 은혜를 체험하고, 2천 년 전 복음서의 현장을 방문하면서 복음서를 이해하는 데 결정적인 경험을 하기도 한다. 성지순례를 하는 것은 복음서의 배경을 경험하고 더욱더 알아서 주님께서 하신 말씀을 더 정확하게 알기 위한, 복음서 속으로 들어가기 위한 노력일 것이다.

복음서를 더 자세히 읽고 왜 이렇게 말씀하셨고 행동하셨는가를 더 곰곰이 생각하다 보면 놀라운 말씀의 발견을 하게 된다. 마치 밭에서 보물을 발견했던 그 사람의 기쁨처럼 우리에게도 복음의 맛이 느껴지게 된다. 그래서 《복음서 속으로 들어가기》를 통해서 좀 더 복음서를 잘 이해하고 주님의 가르침을 바르게 이해하여 주옥같은 말씀을 얻는 계기가 되기를 바란다.

2021년 10월

나석주 목사

차례

제1부

복음서 해석의 기초

제2부
복음서 해석의 연습

제3부

복음서 해석의 설교

1부

복음서 해석의 기초

1.

4인 4색

'4인 4색'이란 4인이 각기 다른 색을 낸다는 말이지만 여기에서는 4인이 각기 자기 색깔을 내지만 또 하나의 색깔이 된다는 점을 중요하게 여긴다는 의미도 포함한다. 유대인을 위한 복음서, 이방인을 위한 복음서, 지식인과 그리스 철학에 조예가 깊은 사람들을 위한 복음서라는 각각의 특징이 있지만 결국은 모두 사람들의 환경에 따라 온전히 설명하고자 하는 뜨거운 열정의 산물이다.

마태는 예수님의 세 가지 시험에서의 승리를 강조하지만, 마가는 간단하게 언급하고 있다. 왜 이렇게 되었을까? 이 질문의 답은 여러 가지일 것이다. 예수님의 성전 청결 사건이 요한복음에서는 제일 먼저 등장하는데, 단순히 요한의 착각인지, 의도적으로 앞부분에 기록했는지는 확실하지 않다. 그러나 만일 의도적으로 앞부분에 편집하였다면 요한의 관점을 우리는 더 깊이 생각해야 한다.

복음서 저자 4인의 예수님에 대한 기록은 그들의 믿음의 수준과 독자들에 대한 배려가 함께 만들어낸 편집일 것이다. 예수님께서 하셨던 말씀과 행동을 다 기록할 수는 없었을 것이기 때문이다. 저자들의 판단에 덜 중요하게 여겨진 것들과 이미 모두가 알고 있어 기록할 필요가 없는 내용은 기록하지 않았을 가능성이 크다.

복음서는 구전의 기간이 있었다는 점을 인식할 때 서로간의 충돌을 잠재울 수 있게 된다. 복음서가 필요하게 된 이유를 굳이 설명할 필요는 없다. 약간의 신학적 상식만 있으면 다 아는 일이기 때문이다. 특히 '행간의 뜻'을 발견하는 일은 복음서를 읽는 그 당시 사람들에게는 중요하지 않거나 다 아는 사실이기 때문에 별 문제가 없었겠지만 우리는 깊게 생각하고 이해하는 데 어려움이 있다.

마가복음 2장 14절을 보면 예수께서 길을 가시다가 알패오의 아들 레위가 세관에 앉아 있는 것을 보고 말씀하셨다. "나를 따라오너라." 레위는 일어나서 예수를 따라갔다. 그런데 말씀하시고 즉시 레위가 따랐는가, 좀 시간이 필요했는가 알 수 없다. 마가는 이 부분이 중요하지 않다고 생각했기 때문이었을 것이다. 어떤 신적인 능력에 이끌리어 레위가 즉시 따라갔을 것이라고는 생각하지 않는다. 예수님과 레위가 만났을 때 신뢰를 형성할 시간이나 상황이 있었을 것이다. 이런 추정의 훈련은 해석에 상당한 도움을 준다.

사복음서를 교차적으로 읽으면서, 복음서 중 하나만 있어도 충분할 것 같은데 굳이 사복음까지 있는 이유가 새롭게 다가왔다. 서로 보충하고 예수님을 더 잘 알게 하기 위한 사복음서의 탄생이라고 말하고 싶다. '그들로 알게 하려고'란 저자의 독특한 마음의 표현이 종종 등장하는 것을 볼 때 충분한 설명이 된다.

2.

육하원칙의 사용

육하원칙이란 국어사전에서는 기사 작성에 필수적으로 담겨야 할 '누가(who), 언제(when), 어디서(where), 무엇을(what), 왜(why), 어떻게(how)'와 같은 여섯 가지 기본이 되는 요소라고 말한다. 특히 신문에서 육하원칙의 중요성은 최고치를 갖는다. 성경도 육하원칙에 충실한 부분이 있기 때문에 이것에 신경을 써서 성경을 읽게 되면 저자의 의도, 생각, 요구 등을 훨씬 생생하게 느낄 기회가 온다. 생각보다 훨씬 놀라운 효과를 가져다줄 것이다.

1. '언제'의 대표적 성경 구절을 보자.

> 유월절 전에 예수께서는 자기가 이 세상을 떠나서 아버지께로 가야 할 때가 된 것을 아시고(요 13:1, 새번역).

명절의 가장 중요한 날인 마지막 날에, 예수께서 일어서서, 큰 소리로 말씀하셨다. 목마른 사람은 다 나에게로 와서 마셔라.(요 7:37)

이런 '언제'의 시간은 저자의 의도에 접근하도록 해주는 통로가 된다.

2. '어디서'를 빛내주는 성경 구절을 보자.

예수께서 빌립보의 가이사랴 지방에 이르러서, 제자들에게 물으셨다. 사람들이 인자를 누구라고 하느냐?(마 16:13, 새번역)

그들은 바다 건너편 거라사 사람들의 지역으로 갔다.(막 5:1)

그리고 엿새 뒤에 예수께서 베드로와 야고보와 요한만을 데리고, 따로 높은 산으로 가셨다.(막 9:2)

3. '어떻게'는 저자의 의도를 더 생생하게 해준다.

예수께서 이 말을 들으시고, 그를 놀랍게 여기시어, 돌아서서, 자기를 따라오는 무리에게 말씀하셨다. 내가 너희에게 말한다. 나는 이스라엘 사람 가운데서는, 아직 이런 믿음을 본 일이 없다.(눅 7:9, 새번역)

4. '왜?'에서 말씀하신 이유와 목적이 드렷이 나타난다.

'예수님의 세 가지 시험'은 자신만 아는 것을 왜 말씀하셨을까? 요한복음 17장의 '예수님의 기도'는 혼자서 기도하신 내용인데 왜 기록되었을까?

5. '누가' 말하였는가? '누가' 그렇게 행동했는가?

> 거라사 주위의 고을 주민들은 모두 예수께, 자기들에게서 떠나달라고 간청하였다.(눅 8:37, 새번역)

6. '무엇을'로 결과에 대한 강조점을 밝힘으로 분명한 말씀을 제시한다.

> 아브라함이 그에게 대답하였다. '그들이 모세와 예언자들의 말을 듣지 않는다면, 죽은 사람들 가운데서 누가 살아난다고 해도, 그들은 믿지 않을 것이다.'(눅 16:31, 새번역)

이렇게 육하원칙은 성경의 감정과 행간의 숨은 뜻과 더불어 새롭게 느껴지는 해석을 할 수 있게 한다.

3.

MSG

우리가 어릴 적부터 '미원'은 천하의 맛을 내는 최고의 강자였다. 지금은 MSG가 건강에 덜 좋다고 생각하므로 퓨전, 자연식, 절 음식 등 이런 대안들이 성행하고 있다.

MSG의 죄는 사실 가성비가 탁월하며 감칠맛을 내는 능력으로 음식을 맛있게 만들 수 있다는 것이다. 이것을 적절히 사용하여 맛있는 음식을 만들어주고 싶어 하는, 바쁘고 힘든 엄마들에게 필수 품목이 된다.

그러나 시대에 따라, 환경에 따라 죄의 기준도 달라질 수 있다는 사실, 요즘 젊은 엄마들에게 있어서는 이것을 사용하는 것 자체가 아가들에게 민감하게 작용하는 큰 문제가 되었다. 특히 과하게 처신하는 모습을 보면서 그다지 유쾌하지 않다. 그러나 개인 취향과 자기 삶의 방식에 누가 무어라고 말할 수 있겠는가?

설교, 여기에도 MSG 논쟁이 있다. 설교는 음식과 같아서 우선 맛이 있어야 한다는 논리다. '맛없는 음식을 누가 먹으려 하겠느냐?'에 초점을 둔다. 반면 예수님이 말씀하신 의도를 찾아 그대로 전하는 것이 설교자의 의무라고 강조하는 논리도 있다. 이 두 논리는 MSG 의견과 흡사하다. 삶도 마찬가지다. 적당한 MSG가 있어야 좋다. 이것이 유머로든 재치로든 애교로든 잘 표현되면 당의 효과처럼 좋은 마음이 상승하게 된다.

MSG의 또 다른 형태는 알레고리적 해석이라고 볼 수 있다. 알레고리 해석은 MSG의 효과보다 더 감칠맛이 나고 이해하기가 쉽다는 특징이 있다. 그러나 이것을 과하게 사용하면 맛의 본질을 훼손시킨다.

알레고리 해석은 초대교회 교부들로부터 시작하여 중세까지 성행했고, 지금까지도 많은 성경 본문에 대한 영적인 해석이라는 주장으로 존재하고 있다. 알레고리의 대표적 주자는 오리겐이다. 성경은 문자적인 것과 도덕적인 것의 의미가 있으며, 가장 중요한 영적 의미가 있는데 이 영적인 의미를 캐내는 것으르 알레고리적 해석을 하였다.

어거스틴 역시 알레고리의 최고봉이라 할 수 있는데, '선한 사람의 비유'에서 가장 알레고리적 해석을 하였다. 그는 여리고로 내려가는 사람은 아담(인간), 예루살렘은 하늘나라, 강도는 마귀와 그 사자들, 옷이 벗겨진 것은 명성을 빼앗김, 상처는 용서받아야 할 죄, 여관은 교회, 사마리아인은 예수님의 재림으로 해석했다.

이러한 해석은 성경의 맛을 더했다. 그러나 히브리적인 배경을 제대로 알지 못한 해석이기 때문에 성경의 의도와 전혀 다른 해석이 되고 말았다. 오늘날에도 제2의 교부시대처럼 알레고리적 해석을 하는 설교를 즐기고 설교집을 내는 것을 종종 발견한다.

우리는 우리의 설교에서 어떤 알레고리적인 해석을 했는가를 찾아보는 것이 중요하다. 먼저는 설교를 내 입맛에 맞추는 경우와 감성에 호소하기 위한 MSG가 지금의 알레고리의 한 형태라고 할 수 있다.

사해와 갈릴리 호수를 비교하면서, 갈릴리 호수가 살아 있는 호수가 된 것은 물을 흘려보내서 그런 것이고 사해는 흘려보내지 않고 받기만 하므로 죽은 바다가 되었다, 물을 흘려보내는 것은 다른 사람에게 유익을 주는 것이며, 받기만 하는 것은 이기적인 신앙으로 주는 축복을 몰라 죽은 바다가 되었다고 설교한 적이 있다. 그럴듯한 내용 같지만 사실 전혀 관계가 없는, 나 혼자 해석을 잘한 알레고리적 해석이었던 것이다.

이런 해석을 우리는 은혜의 해석이라는 생각을 한다. 그러나 이러한 해석과 설교가 성경의 의도와 전혀 상관이 없었다는 사실에 우리 모두 놀라야 한다.

예수님은 청중들에게 어떻게 말씀하셨을까? 엘턴 트루 블러드는 첫째, 낮은 톤으로 말씀하셨고, 둘째, 눈으로 말씀하셨고, 셋째, 짧은 말을 사용하셨으며, 넷째, 눈물로 말씀하셨다고 했다.

예수님의 최고의 언어는 눈물의 언어다.

4.

과장법적 표현

'잃은 양을 찾는 비유'(마 18:12-13)에서 한 마리를 찾기 위해 99마리의 양을 두고 갔다는 말은 좀 어처구니없는 행동이다. 양을 산에 두고 찾으러 갔다는 말 또한 어리석음의 끝판인 행동이다.

왜 이러한 표현을 사용했을까? 목자의 어리석음을 의도적으로 드러내는, 축구로 말하면 '헛다리짚기' 기술을 사용하여 한 마리의 양에 대한 구원의 시급성과 관심을 과장법으로 표현한 것이다.

당시 랍비들과 율법학자들, 두 학파가 즐겨 사용했던 과장법을 예수님께서도 사용하셨다.

> …너희가 들었으나…나는 너희에게 이르노니 만일 네 오른눈이 너로 실족하게 하거든 빼어 내버리라 네 백체 중 하나가 없어지고 온 몸이 지옥에 던져지지 않는 것이 유익하며(마 5:27–29, 개역개정).

이 말씀을 문자 그대로 믿어 실제로 눈을 빼버리리라고 생각하는 사람은 없을 것이다. 이 말씀을 극대화하고자 하는 표현기법인 것이다.

> 하늘과 땅이 없어지기 전에는 율법 가운데 한 점, 한 획이라도 없어지지 않고 다 이루어질 것이다.(마 5:18, 우리말성경)

이 과장법 표현을 엉뚱하게 해석하여 현대적으로 글자(우리말성경, 새번역성경)가 바뀌는 것을 성경을 바꾸는 것처럼 요란법석을 떠는 사람들도 있다.

마태복음에서 제일 많이 과장법이 사용되었다. 기록 당시의 문화였기 때문이다. 이 문화 속에서 진리를 캐는 것이다.

5.

긍정의 구절(빌 4:10-14)

빌립보서 4장 13절은 신학대학 시절 최고의 성경 구절이었다. 책상 앞에 써놓거나 방 벽에 걸어 두는 액자의 주된 내용이었다. 긍정의 성공 메신저였다. 이 '긍정의 힘'은 여의도 순복음교회를 통해서 확인되었다. 이 힘은 박정희 정권의 새마을운동과 맞물리고 시대의 요구에 민첩하게 반응한 결과 신학교에까지 그 물결이 넘쳤다.

빌립보서 4장 13절을 온전히 이해하기 위해서는 한 절만이 아니라 10-14절 전체 문장에서 해석해야 한다. 그리고 빌립보 교인들에게 바울은 어떤 말을 하려는가를 생각해야 한다. 12절에서 자신의 사명을 감당할 때에 역사하신 주님은 '힘' 주시던 주님이셨다. 모든 것을 감당할 수 있는 기쁨의 힘, 바로 그것이었다는 말이 아닐까?

"기독교는 효과의 문제가 아닌 진리의 문제"라고 했던 말이 새삼 기억난다. 이 말은 12절에서 진한 여운을 남긴다.

> 나는 비천하게 살 줄도 알고, 풍족하게 살 줄도 압니다. 배부르거나, 굶주리거나, 풍족하거나, 궁핍하거나, 그 어떤 경우에도 적응할 수 있는 비결을 배웠습니다.(빌 4:12, 새번역)

주님 때문에 당하는 손해, 역경은 오히려 기쁨이 되고, 능력을 얻은 증거가 되기 때문이다. 반대로 이 말씀을 자기중심적으로 해석하게 되면 은혜, 사명, 직분, 비전들의 단어들은 자기 욕망과 성공을 위한 도구가 되며, 절대 손해를 보지 않으려는 사람들은 이 구절을 자기의 일을 위한 행동대장으로 모시게 된다.

우리가 더 공부하고 생각하고 자신에게 질문을 많이 하는 것이 주님께 가까이 갈 수 있는 길이다.

6.

꼭 기억해야 할 준비

1. 1세기의 역사적 상황

류모세는 신약편 2부 주전 4년부터 주후 30년까지를 다룬 《역사 드라마로 읽는 성경》 신약편 2부에서 '역사가 뚫린다. 성경이 보인다'라는 부제를 달았다.

2. 성경이 쓰인 시기

복음서가 쓰인 시기는 최소한 주후 30~40년이라는 사실을 늘 인식해야 한다.

3. 다른 성경과 함께 본문 읽기

보통 개역개정을 사용한다. 복음서를 더 잘 이해하려는 방법으로 새번역성경과 우리말성경을 늘 함께 읽어 보는 것도 좋은 방법이다. 놀랍게도 종종 더 깊은 말씀을 발견하게 된다.

7.

동사 민족

이스라엘 사람들을 '동사 민족'이라고 한다. 이 말은 '하나님의 말씀에 따라 행동하는 민족'이라는 말이다. 헬라 종교의 특성이 '사색'이라면, 히브리 종교는 '행동'이라 할 수 있다.

히브리 문장구조에서는 동사가 대단히 중요한 위치를 차지한다. 동사의 중요성을 깨달은 사람이 성경 해석을 잘할 것이고, 설교의 사명을 온전히 감당하는 사람일 것이다. 또한, 본동사와 보조동사의 차이를 제대로 알지 못하면 성경의 의도를 제대로 파악하지 못하므로 해석이 부실해진다.

동사의 중요성을 실감나게 표현해 주는 성경의 내용을 살펴보면 "너는 너의 본토 친척 아비 집을 떠나 내가 네게 지시할 땅으로 가라"라는 말씀에서 가장 중요한 단어는 동사인 '가라'이다. 하나님의 명령은 '생각해보라'는 것이 아니다. 오로지 '가라'는 것뿐이다. 문장에서 제일 먼저 등장하는 것이 동사다. 창세기 1장 1절 원문 "창조하셨다, 천지를"에서 보듯이 동사 중심으로 말하고 있는 것을 알 수 있다. "들어라, 지팡이를. 내밀어라, 바다 위로 손을. 갈라지게 하라, 지팡이로"라는 말씀에서도 명사가 아닌 동사가 주역이다.

행동이 먼저인 언어라는 것이 이스라엘 언어의 가장 큰 특징이며, 그들의 삶을 만드는 언어이다. 선한 사마리아 사람의 비유 "가서 너도 이처럼 행하라"에서는 본동사와 보조동사가 함께 등장한다. 모두 중요한 행동을 말하고 있지만 행하라는 것이 중요한 명령이다.

순환동사라고 이름 지어준 대표적 성경 구절을 보자.

> 그러므로 너희는 가서, 모든 민족을 제자로 삼아서, 아버지와 아들과 성령의 이름으로 세례를 주고, 내가 너희에게 명령한 모든 것을 그들에게 가르쳐 지키게 하여라. 보아라, 내가 세상 끝 날까지 항상 너희와 함께 있을 것이다.(마 28:19-20, 새번역)

이 말씀에서 동사를 찾아보면 '가서', '주고', '가르쳐'이다. '가서' 섬기고 봉사하고, 세례를 '주고' 선교하고 전도하라는 것은 마지막 날까지 순종해야 할 진행형이고, '가르쳐'는 종말까지 가르쳐 교육하라는 행동 명령이다. 이 세 동사는 분사 명령에서 끝나는 것이 아니라 계속 이어지는 순환 명령이다.

또 하나의 발견을 요구하는 것은 목적 명령이다. 가서, 세례를 주고, 가르치는 순환 명령의 목적은 '제자 삼는 것'이다. 이 세 개의 동사가 '제자로 삼아서'라는 본동사를 빛나게 하는 것들이다.

'행동하는 양심으로'에서 '행동하는 순종, 능력'으로, '행동의 열매'로, 행동의 열매를 가장 중요시하는 민족을 동사 민족이라고 한다면 단연 이스라엘이다. 믿음은 행동하는 열매다. 사명도 당연히 행동(순교)하는 열매다.

8. 미친 바람

갈릴리 호수의 기상은 어부들에게 있어서 최고로 중요하다. 하늘을 보며 날씨를 예측하는 것은 당연한 일상이었다. "너희는 날씨는 구별할 줄 알면서 시대의 징조들은 구분하지 못한다"라고 말씀할 정도였다. 갈릴리 호수 주변에 사는 사람들은 다 안다. 저녁 하늘이 붉으면 다음 날은 좋은 날씨가 될 것을, 반대로 아침에 하늘이 붉으면 그날은 날씨가 괴팍할 것을 안다(마 16:2-3; 눅 12:54-55 참조).

갈릴리 호수는 산에 둘러싸여 있고 해수면보다 200미터나 낮다. 이러한 이유로 돌풍, 미친 바람이 종종 분다. 이 바람을 샤르티에(Sharkiyeh)라 부른다. 대부분 겨울과 봄에 동쪽에서 서쪽으로 부는데, 이 바람이 거센 풍랑을 많이 일으킨다.

예수님과 제자들이 저녁때 갈릴리 호수 서편에서 동편을 향해 가고 있었다. 그런데 갑자기 이 미친 바람이 불어닥쳤다. 때는 3월경으로 추정된다. 왜냐하면 벼 이삭을 훑어 먹다가 비난받은 일이 있었기 때문이다. 이런 여러 정황으로 보아 그렇게 추정한 것이다.

이런 미친 바람 속에서 예수님께서는 고물에 베개를 베고 주무셨다고 했다. 고물은 배 뒷부분을 말한다. 여기가 잠을 자기에 '안성맞춤'이다. 제자들의 다급한 소리에 깨어나신 주님은 제자들의 호들갑을 꾸짖고 일어나셔서 미친 바람에 명령하셨다. "고요하라! 잠잠하라!" 그러자 바람이 멈추고 호수가 잔잔해졌다고 기록하고 있다.

순식간의 일이었을 것이다. 명령하신 순간 즉시 일어난 일이다. 제자들은 크게 두려워하면서 서로 수군거리며 "도대체 이분이 누구시기에 바람과 파도까지도 복종하게 하시는가?" 했다. 여기서 우리는 제자들이 이런 말을 한 배경을 살펴보아야 한다. 그것은 바다와 호수를 다스리는 신 '얌'보다 더 높은 신이 바로 자신들 앞에 계신 분이라는 것을 체험한 것이다. 제자들이 이렇게 말한 이유가 좀 더 분명해진다. 그리고 베드로가 그물이 찢어질 정도로 많은 고기를 잡고 "죄인입니다. 저를 떠나소서"라고 고백했던 행동도 이와 같은 맥락으로 볼 수 있을 것이다.

9.

복음서 체험의 시작

복음서를 잘 이해하고 체험할 수 있는 길은 유대의 문화와 당시의 사상, 즉 유대적인 배경을 공부하는 것이다. 이해하는 것은 학습으로 되지만 체험은 성령의 역사로 된다.

헬라화된 기독교를 히브리적인 기독교로 전환하여 이해해야 복음서를 제대로 감상할 수 있다. 그리고 복음서의 감정을 느낄 수 있다. 기독교의 고향은 예루살렘이다. 이것을 이해하지 않으면 복음의 색깔이 변한다. 우리는 헬라적인 안경을 벗어 버리고 유대적인 돋보기를 써야 한다.

우리는 '그때 그들에게 말씀하셨던 청중'과 함께 있어야 한다. 시간적으로는 불가능한 일이지만 공간적으로는 가능하다. 바로 이것이 복음서의 신비다. 예수님께서 말씀하신 것 중에 우리에게는 낯설게 느껴지는 것들이 많이 있지만, 그들은 자세한 설명이나 해석을 들을 필요가 없을 정도로 쉽게 이해하였다.

예수님의 교훈 가운데는 비유가 상당 부분을 차지하고 있다. 비유는 하나님 나라에 대한 이해를 돕는 최고의 학습 방법이었다. 이 방법을 사용하실 때 예수님은 그들의 생활 주변에서 흔히 일어나는 것들로 설명하셨고, 청중들의 귀를 솔깃하게 할 수 있는 감동적인 이야기를 하셨다.

지금 여기에서도 예수님의 말씀을 생생하게 들을 수 있는 학습이 절대 필요하다.

10.

공감의 특징

좋은 글은 언제 어디서나 독자들의 공감을 끌어낸다고 하였다. 독자들이 이해하기 쉽고, 읽는 맛이 나고, 읽고 난 후에 기분 좋아지는 그런 글이다.

공감을 형성하기 위하여 먼저 기존 통념과는 다른 각도에서 접근해 보고자 노력하여야 한다. 즉 '낯설게 하기'를 시도해야 한다.

두 번째는 육하원칙(누가, 언제, 어디서, 무엇을, 어떻게, 왜?)이 중요하다는 점이다.

세 번째는 '오늘의 시점에서'를 느껴지게 하는 것이다.

네 번째는 '지문'에 관심을 가져야 한다는 것이다.

다섯 번째는 엄청난 모험으로 본문을 '추정'함으로 비신학적인 결론을 내릴 수 있다는 단점이다.

우리가 성경을 중요하게 여기고 연구해야 하는 이유는 "너희가 성경 안에서 영생을 얻을 수 있다는 생각에 성경을 열심히 연구하는구나. 성경은 바로 나에 대해 증언하고 있다"(요 5:39, 우리말성경)라고 말씀하셨기 때문이다.

복음서에 대한 우리의 태도는 '말씀을 간절한 마음으로 받아들이고, 바울이 말한 것이 사실인지를 알아보려고 날마다 성경을 찾아보았던 베뢰아 사람들'(행 17:11)처럼 되고자 하는 것이다.

우리가 이와 같은 목적과 태도를 가질 때, 좋은 선생이 등장한다. 엠마오로 내려가던 두 제자의 대화 속에 등장하셔서 예수님께서 성경을 자세히 설명해주신 결과는 "길에서 그분이 우리에게 말씀하시고 성경을 풀어주실 때 우리 마음이 뜨거워지지 않았느냐?" 하는, 예수님에 대한 믿음이 커지고 부활의 확신을 하게 된 것이었다.

좋은 선생의 또 다른 예는 빌립 집사이다. 에티오피아 여왕의 재정을 맡은 고위관리에게 예수님에 대한 자세한 성경적 설명을 하여 그가 예수님을 믿고 세례를 받게 되었다. 이사야 53장 7-8절을 읽고 있던 그 관리에게 빌립이 "지금 읽고 있는 것을 이해하십니까?"라고 물었을 때, "설명해 주는 사람이 없는데, 내가 어떻게 알겠소?"라는 그의 무뚝뚝한 대답이 그의 심정을 잘 대변해준다.

우리도 좋은 선생을 만나기를 원하면 만나진다. 어떤 때는 책에서, 어떤 때는 강의에서, 어떤 때는 성지에서….

성경을 연구하는 방법이 중요하다. 성경을 많이 읽는 것도 중요하지만 성경의 배경을 알고 읽으면 복음서가 새롭게 보인다. 배경을 모르면 결코 성경 속에 감추어져 있는 보화를 캐낼 수 없다. 당시 사람들에게는 별다른 설명 없이도 금방 이해되던 것이 지금 우리에게는 그렇지 않다. 그것은 시간의 간격 '2천 년이 지난 지금'과 언어, 문화, 의식구조 등 여러 분야에서 너무나도 다르기 때문이다.

공감이란 예수님의 설교를 들으면서 고개를 끄떡이고 무릎을 쳤던 사람들처럼, 성경을 읽을 때 실감 나도록 돕고자 하는 데 목적이 있다.

11.

족보(계보)

〈뿌리〉라는 영화를 보면, 흑인 노예들의 삶을 재조명하면서 그들이 고향을 찾아 조상의 흔적을 찾는 과정이 그려진다. 이처럼 족보는 한 사람이나 한 가정의 뿌리를 찾아주는 족보는 혈통과 가문을 중요시하게 만드는 사건이 발생한 시대에 더욱 발전한다. 우리에게도 족보는 조선 말기나 6·25 한국전쟁 이후의 시대에, 그리고 열악한 환경을 가진 결혼을 앞둔 가정에 필요한 도구였다.

이스라엘은 바벨론 포로기 이후에 족보를 이용하여 자신들을 순수한 존재로 입증하려 하였다. 그것은 이방 민족들에 의해 강제로, 또는 스스로 결혼한 것을 수치스럽게 여겼던 결과의 산물이었다. 특별히 결혼 시에 이 족보는 중매쟁이에 의해서 상대방의 가문을 쉽게 이해할 수 있게 하는 데 최적이었다.

마태가 족보를 채용한 것은 예수님이 다윗의 후손으로 오셨다는 사실을 입증하여 오해하고 있는 저들을 설득하기 위함이었으나, 그것을 넘어 아브라함의 자손이라는 사실을 강조함으로써 메시아의 정통성을 드러내려는 것이었다. "아브라함과 다윗의 자손"이라는 그의 표현이 얼마나 장엄한 시작을 알리고 있는가를 느낄 수 있다.

'나사렛 예수'라는 편견으로 인해 예수가 그리스도이심을 믿지 않는 저들을, 우리가 실감하지 못하는 이스라엘의 의식구조 속으로 끌어들여, 이해되게 하고 믿게 하는 효과를 만들었다.

그런데 마태는 왜 이방 여인들과 윤리적으로 문제가 있는 여자들도 족보에 기록하여 족보의 존엄성을 떨어뜨렸는가? 여기에는 분명한 의도가 있을 것이다. 이방인도, 여자도, 죄인도 모두가 다 하나님의 백성이 될 수 있다는 점을 강조하기 위함인가? 또한 "우리야의 아내에게서"라고 표현하며 다윗의 죄를 다시 부각하면서까지 족보를 기록한 이유는 무엇일까? 예수님께서 자신을 한 번도 다윗의 후손이라고 말씀하시지 않고 오히려 '다윗의 주'(마 22:41-46)가 된다고 하신 말씀을 돋보이게 하려 했을까?

이 질문에 답은 명확할 수가 없다. 그것은 마태와 저들 간의 이해구조이기 때문이다.

누가 또한 족보를 사용했는데(눅 3:23-38), 이것은 마태복음을 읽고 난 후에 이스라엘의 족보가 상당한 효과가 있는 것으로 판단하여 족보의 방식을 모방한 것이라고 볼 수 있다. 그러나 이방인의 시각에서 가장 좋은 족보를 만들어냈다.

그리고 그 방식은 획기적이었다. 요셉부터 시작하여 아담까지 상향식 족보를 만들어 그 당시에는 상상할 수 없는 방식을 사용했고, 아담은 하나님의 아들이라고 하여 사람과 하나님의 관계를 이렇게까지 설정함으로 하나님은 저 멀리 계신 분이 아니고 지금 우리와 함께하시는 친근한 아버지 하나님이심을 강조했다.

족보는 지금도 계속 기록되고 있다. 예수님도 제자들에게 "너희 이름이 생명책에 기록된 것이 더 중요하다"고 하셨고, 요한계시록에서도 '어린양의 생명책'이란 이름으로 족보의 명칭이 변경되고 있다. 지금 구원의 족보인 하늘의 생명책에 내 이름이 기록되고 있을 것이다.

12.

비유의 신비(마 13:1-3)

예수님의 비유는 말씀에서 생생한 감동을 찾고자 하는 사람들에게, 하늘의 청량한 공기를 마시고자 하는 사람들에게 도움이 된다. 예수님과 그들에게는 지극히 상식적이고 금방 이해되었던 말씀들이 우리에게는 생소하고 그들과 다르게 느껴지는 담을 헐어버리려고 하는 시도, '오늘 나에게' 말씀하시는 관계를 형성하려는 의도를 '비유의 신비'라 했다.

'알레고리적 해석과 설교'가 너무 많은 현실에서 조금이라도 예수님과 그들이 소통했던 그 시절로 돌아가 보고자 하는 엉뚱한 시도일 수 있다. 2천 년 전이라는 시간적 간격이 있어 문명과 문화가 빠른 속도로 달라진 지금, 공간적으로는 기후가 너무나 큰 차이를 보여 생활방식의 이해가 어려운 상태에서 그분의 비유 말씀을 제대로 들어보고자 하는 갈급하고 사모하는 마음을 갖는다면 비유의 새로운 맛을 느끼게 된다.

비유로 말씀하신 이유를 마태복음 13장 35절에서는 "이는 예언자들을 통해 하신 말씀을 이루시려는 것"으로 설명하고 있다. 덧붙여서 "내가 입을 열어 비유로 말할 것이다. 세상이 창조된 이래로 감추어진 것들을 말할 것이다"(우리말성경)라고 구약을 인용하셨다.

사실 "성경을 이루려 함이다", "선지자의 예언을 성취하기 위해서다"라는 의도적 표현을 곳곳에서 하고 있다. 특히 마태복음에서는 더 많이 강조하고 있다. 이유는 분명하다. 이스라엘 사람들을 위한 복음서라고 말할 정도로 마태복음에는 구약적인 색채가 진하게 나타나고 있기 때문이며, 그들을 예수님을 구주로 믿게 하기 위한 간곡한 목적이 담겨 있기 때문이다.

또 하나의 이유는 서민층, 아니 그보다도 더 성경과 일반 지식의 맨 하층에 있는 사람들까지 모두가 잘 알아듣게 하시려는 예수님의 배려이다. '이야기식 교훈'에 길든 그들의 전달방식을 선택하시어 누구든지 천국에 관한 소망을 담을 수 있도록 하신 공평의 사랑이다.

13.

성경의 정신 찾기

예수님께서는 질문하심으로 그 사람의 상태를 파악하시고 온전한 믿음의 길을 가게 하셨다.

예수님은 누가복음 10장 26절에서 "율법에는 무엇이라 기록되었으며 너는 어떻게 읽느냐?"고 물으셨고, 바울도 "성경이 무엇이라고 말하고 있느냐?"라고 하였다(롬 4:3). 잘못 해석하는 것을 수정해서 가르치려는 것이다. 그리고 더 중요한 것은 '정신'이다.

'헌법'에 있어서 가장 중요한 것은 헌법의 정신이다. 이 정신에 의해서 모든 법이 해석된다. 그리고 시대에 따라 달라지는 여러 환경에 연연하지 않고 이 정신에 따라 법은 판결한다.

바리새인들이 책망받은 이유는 이 정신을 잘못 이해하고 가르치고 행동했기 때문이다. 율법학자들이 율법의 정신을 망각했기 때문에 율법주의가 되었다.

14.

셈어적 표현의 이해

헬라어에서 히브리어로, 히브리어에서 아람어로의 전환은 너무나 중요한 과정이지만 우리의 노력으로는 금방 한계를 맞게 된다. 예수님이 베드로에게 "네가 나를 사랑하느냐?"라고 물으셨을 때의 '사랑'은 헬라어의 네 가지 사랑의 개념이 아니다. 예수님은 이렇게 네 가지의 사랑 개념으로 말씀하지 않으셨기 때문이다.

'바울에서 예수님으로, 헬라에서 히브리 사고로'라는 목표를 제시한 것은 중요한 길을 알려주려는 것이다. 복음서 속으로 들어가기 위해서는 이러한 공부와 훈련이 반드시 필요하다. 우리는 이러한 것들을 '간격'이라 말한다. 문화적 간격, 시대적 간격, 언어적 간격, 역사적 간격, 생활풍습의 간격 등 여러 가지 간격이 우리가 예수님의 말씀과 행동으로 들어가는 것을 방해한다.

누가복음 14장 26절은 해석을 상당히 곤란하게 한다.

누구든지 내게로 오는 사람은, 자기 아버지나 어머니나, 아내나 자식이나, 형제나 자매뿐만 아니라, 심지어 자기 목숨까지도 미워하지 않으면, 내 제자가 될 수 없다.(새번역)

사실, "자기 십자가를 지고 나를 따라야 한다"라는 말씀이 27절에 따라붙고 있다. 그리고 33절에서도 "그러므로 이와 같이, 너희 가운데서 누구라도, 자기 소유를 다 버리지 않으면, 내 제자가 될 수 없다"라고 하신 것을 보아 이런 정도의 희생은 있어야 한다는 것을 말씀하시고 있다.

여기서 '미워한다'는 표현은 '덜 중요하게 생각한다'는 뜻으로, 부모를 공경하는 일보다 예수님을 따르는 일을 우선한다는 뜻으로 해석해야 한다. 유대 구전에 "토라를 공부하는 것은 부모를 공경하는 것보다 우선한다"는 말은 토라의 중요성을 극도로 강조한 말이다. 이런 측면에서 누가복음 14장 26절을 이해해야 할 것이다. 이것을 문자적으로만 해석하는 것은 계명을 파괴하는 행위로, 부모를 공경하지 않아도 된다는 것으로 오해하게 되기 때문이다.

예수님께서는 하나님의 일을 핑계로 자기 부모나 형제를 돕지 않는 것은 율법을 모르는 것이고, 당신의 가르침과도 다르다고 분명히 말씀하셨다.

15.

역접 접속사 '그러나'

(마 5:21-22, 27-28, 31-32)

접속사에 관한 이야기들은 《낯설게 하기 설교》에서 대략 설명했던 것이므로 여기서는 이 본문에 관한 내용으로만 정리한다.

역접 접속사는 앞 문장에 대한 반대 관점, 또는 부정적 견해를 표현하기 위함이 대부분이다. 그런데 여기에서의 '그러나'는 좀 다른 생각을 해야 한다. "그러나 나는 너희에게 말한다"는 반대되는 사실, 앞의 내용을 부정하거나 무시하는 것 같은 것으로 이해하지 말아야 한다.

새로운 해석을 덧붙인 것이 율법에 대한 것을 폐기하거나 상대화시켰다고 생각하기 쉽지만, 전혀 그렇지 않았다. 오히려 율법의 의미, 정신을 강화하고 더 철저하게 요구하시는 것이었다.

> '간음하지 말아라' 하고 말한 것을, 너희는 들었다. 그러나 나는 너희에게 말한다. 여자를 보고 음욕을 품는 사람은 이미 마음으로

그 여자를 범하였다.(마 5:27–28, 새번역)

훨씬 더 심화한 명령이다. '그러나'를 '그리고'로 바꾸면 자연스럽게 점층적으로 더 철저한 행동을 말씀하시는 것을 알 수 있다.

29-30절을 '그리고'로 전환해 보자. "네 오른눈이 너로 하여금 죄를 짓게 하거든, 빼서 내버려라. 신체의 한 부분을 잃는 것이, 온몸이 지옥에 던져지는 것보다 더 낫다. '그리고' 또 네 오른손이…온몸이 지옥에 던져지는 것보다 더 낫다." 훨씬 자연스럽게 더 강조하고 계신다.

"그러나 나는 너희에게 말한다"라는 말은 랍비들이 새로운 논리를 주장할 때 즐겨 사용했던 관용구이다. 예수님도 이런 방법을 사용하셨으나 다른 논리의 반박으로가 아닌, 더 강조하시기 위해 사용하신 것이다. '그러나'로 번역된 '데'(δέ)는 '그리고'라는 의미도 있어서 이렇게 적용해야 한다.

16.

예수님 당시의 로마와 이스라엘

이 시기의 로마에 대해 '팍스 로마나'라고 말한다. 옥타비아누스가 주전 31년 악티움 해전에서 승리하면서 로마는 1인 통치 체제가 되었고, 역사가들은 '로마에 의한 평화'라 하여 이때부터 200년간을 이렇게 일컫는다. 옥타비아누스는 아우구스투스라는 최고의 존칭을 부여받은 자로, 주전 27년부터 77세로 죽은 주후 14년까지 그의 업적은 대단했다.

티베리우스는 주후 14년부터 37년가지의 로마 황제였다. 55세의 나이에 황제로 즉위했을 당시 그는 명석한 군 지휘관이었다고 한다. 그의 평가는 원로원에서는 그다지 좋지 않았던 것 같고, 그가 죽었을 때 '침울과 은둔의 대명사'인 그의 죽음에 열렬한 환호를 보냈다는 기록에서 팔레스타인 통치에 상당히 좋지 않은 영향을 주었다는 점을 알 수 있다.

주전 4년 헤롯 대왕이 죽고 헤롯 아켈라오스를 중심으로 세 아들의 통치가 시작되었다. 후계의 문제로 골치 아프게 되자 옥타비아누스는 당분간은 3형제가 모두 분봉왕으로 유대 땅을 통치하도록 했다. 3형제의 통치 지역은 아버지의 뜻을 따르게 하였다.

예수님과 가장 관련이 많은 왕은 헤롯 아켈라오스다. 그는 예루살렘을 포함해서 유대 지역과 그 남북에 있는 사마리아와 이두매 지역을 다스렸다. 그는 엘르아살을 대제사장으로 임명했으나 얼마 후 다시 예수로 바꾸었다. 그는 유대인과 사마리아인을 가혹하게 대했다. 예수님도 그가 왕이 되었다는 소식에 갈릴리로 향하셨다(마 2:22). 결국 주후 6년에 그가 폐위되고 황제가 파견하는 로마 총독들의 직접 통치를 받게 된다.

헤롯 안티파스는 주전 4년부터 주후 39년까지 갈릴리와 베레아 지역을 통치했다. 세례 요한과 예수님의 사역이 집중적으로 펼쳐진 곳이다. 그는 '찌포리'의 신도시 건설을 시작했고, 갈릴리 호수 서쪽에 티베리아스 도시를 건설했다. 이곳은 단숨에 이방인의 도시가 된다. 세례 요한을 참형시킨 장본인이다.

본디오 빌라도는 주후 26년부터 36년까지 10년간 통치를 했다. 최초의 총독인 코포니우스를 시작으로 본디오 빌라도까지 7명의 총독이 파견되었고, 주후 41년 헤롯 아그립바가 유대인의 왕으로 등장하기까지 이스라엘을 통치했다.

17.

문장에 관한 잘못된 이해와 오해(사 58:6-9)

대표적으로 아직도 오해를 하는 성경 구절은 기도원 광고의 단골 말씀인 이사야 58장 6-9절일 것이다. 그것도 7절은 빼고 6, 8, 9절이다. 이대로만 읽으면 정말 금식기도 해야 할 것 같은 마음이 든다.

> 내가 기뻐하는 금식은…나 여호와가 응답하겠고 네가 부르짖을 때에는 내가 여기 있다 하리라(사 58:6–9, 개역개정).

사람들이 금식기도를 할 때는 대부분 절박한 상황에 있다. 금방 응답하시는 하나님에 대한 갈망이 금식기도로 돌진하게 한다.

이 구절을 잘 살펴보면 금식기도의 응답과 능력과는 별로 상관이 없는 말씀임을 바로 알 수 있다. 금식은 능력과 응답을 말하기보다 바르게 살지도 않으면서 금식하려면 하지 말라는 것이다. 이사야 58장 4-5절에서 "너희의 목소리를 저 높은 곳에 들리게 할 생각이 있다면, 오늘과 같은 이런 금식을 해서는 안 된다. '이것이 어찌 내가 기뻐하는 금식이겠느냐?'"(새번역)라고 책망하시면서 진짜 금식을 설명하신 것이, 이렇게 오해와 이해의 부족으로 받아들여진 것이다.

부흥강사의 영향력은 담임목사보다, 작은 교회의 목사보다 크다고 볼 수 있다. 이런 점에서 부흥강사는 성경을 바로 알고 바로 가르쳐야 하는 숙제를 안고 있다고 볼 수 있다. 또한 성경공부와 성경을 잘 설명할 수 있는 노력을 해야만 한다. 가끔은 전혀 엉뚱한 설명을 하는 것을 볼 때도 있다. 인지도가 높은 분이 그렇다면 더욱 심각해진다.

"하나님의 말씀은 다 짝이 있다"고 하면서 본인이 발견한 신령한 것임을 강조하고 있는 말씀 중의 하나로 이사야 34장 16절을 든다.

> 너희는 여호와의 책에서 찾아 읽어보라 이것들 가운데서 빠진 것이 하나도 없고 제 짝이 없는 것이 없으리니 이는 여호와의 입이 이를 명령하셨고 그의 영이 이것들을 모으셨음이라(사 34:16, 개역개정).

이 말씀을 가지고 성경은 다 짝이 있다고 하고, 성경은 성경으로 풀어야 한다고 말한다. 이 말 자체는 맞는 말이다. 그러나 이사야 34

장 16절을 가지고 말을 한다면 틀린 것이다.

새번역성경은 꼭 참고해야 할 성경이다.

> 주님의 책을 자세히 읽어보아라. 이 짐승들 가운데서 어느 것 하나 빠지는 것이 없겠고, 하나도 그 짝이 없는 짐승은 없을 것이다. 주님께서 친히 입을 열어 그렇게 되라고 명하셨고 주님의 영이 친히 그 짐승들을 모으실 것이기 때문이다(사 34:16, 새번역).

이렇게 읽으면 아무 관계도 없는 것임을 단번에 알 수 있다. 좀 더 쉽게 설명하자면, 짐승들이 짝을 이룰 것을 말하고 있는 것을 엉뚱하게 자기 입맛에 맞게 설명하고 있다는 것을 알 수 있다. 그리고 한 걸음 더 나아가 무슨 신령한 말씀을 가진 것처럼 말한다면 우습게 된다. 성경 말씀을 심도 있게 가르치는 교회에서는 성도들의 수준이 목회자 수준만큼이나 대단하다. 이러한 현실에 목회자도 부흥강사도 성경과 여러 가지 지식이 더 높아져야 한다.

18.
올바른 복음서 해석의 의무

목회자는 복음서 해석자여야 한다. 지금 올바로 된 해석을 하고 있는가를 스스로 질문해 보아야 한다. 모든 운동에서 기본기는 지속적인 기록을 만드는 역할을 한다. 탁구에서도 그냥 치는 것보다 정식으로 배워서 하는 것이 훨씬 더 잘 칠 수 있다. 따라서 '내가 지금 설교를 어떻게 하고 있는가?'를 고민해야 좋은 설교가 된다. 이런 의미에서 목회자가 설교를 잘하기 위해서는 복음서에 대한 해석, 즉 복음서 속으로 들어가야 한다. 또한 이 말은 예수님 속으로 들어가야 한다는 말이 된다.

로이드 존스는 "설교는 불붙은 가슴을 통하여 전하는 신학"이라고 했다. 이 말을 '복음서의 올바른 해석은 설교자를 불붙게 하고, 이 불붙은 자세로 설교하는 것이 목사다'라고 이해할 수 있을 것이다. 올바른 해석은 설교자인 목사를 새롭게 한다.

삶에 초점을 두고 성경을 해석해야 한다는 논리에 동감한다. 이 말은 현대 해석학에서 "지평의 융합"이라는 용어로 소개되었다. 이 말은 두 지평을 녹여서 하나로 만든다는 것인데, 복음서의 지평과 해석자의 지평을 녹여서 하나 되게 만드는 것이 성경 해석이고, 이것이 곧 설교라는 말이다.

복음서를 가지고 예수님 이야기만 하면 설교자가 거룩성을 띠지만 성도들은 재미없어한다. 그렇다고 신문 칼럼 이야기나 정치가 어떠니 하면 "또 그 말씀이야!" 한다. 너무 추상적인 설교가 되는 이유는 바로 지평의 융합이 잘 안 되었다는 신호다. 믿음만을 강조하는 목사는 복음서의 지평에 매여 오늘의 지평을 놓치게 된다. 반대로 오늘의 지평에만 취하면 복음서의 지평을 무시하기 때문에 말씀의 역사가 일어나지 않는다.

예수님의 설교는, 특히 비유는 청중의 삶 속에서 그들이 쉽게 이해할 수 있는 것들을 사용해서 청중의 가치관을 하늘의 가치관으로 바꾸셨다. 복음서는 천국 언어로 된 것이 아니라 사람들이 보통 사용하는 언어로 쓰였다. 따라서 복음서의 언어가 어떤 것인가 공부하고 분석하는 것은 대단히 중요한 일이다. 이 중요한 일을 우리가 등한시했다는 점은 인정해야 한다.

신학생 때 헬라어 단어에만 집중했던 적이 있었다. 단어는 본래 역사의 흐름에 따라 그 의미가 변화되는 것을 모르고 헬라어 단어로만 해석하고 설교했다. 당시에 이 단어가 어떻게 사용되었는가를 파악하는 것이 더 중요한 점이었는데, 그때는 잘 몰랐다. 예를 들어 '동무'라는 말은 참 아름다운 친구와의 관계를 말하지만, 지금은 북한에서 사용하고 있는 단어이기에 우리의 정서에 부합되지 않게 되었다. 이러한 경우의 단어들이 있는데도 불구하고 그대로 해석해서 사용하다 보니 복음서를 온전히 해석할 수가 없었다.

해석에 있어서 또 하나의 중요한 점은 역사 속으로 들어가서 해석해야 한다는 점이다. 헤롯이 두 살 난 아기들을 다 죽이라고 명령한 것에 대한 이해이다. 헤롯은 이두매 출신이라 콤플렉스를 갖고 있었다. 그래서 이 문제를 해결하기 위한 수단으로 하스모니안 가문의 공주 미리암네와 결혼을 하였다. 그런데도 정통성의 문제 때문에 불안감을 이겨내지 못하여 정적들을 죽였다. 대제사장 되기로 한 사람도 영리하면 귀를 잘라 대제사장의 길을 막았다는 점에서 그의 광적 행동을 이해해야 한다.

이런 사람에게 동방 박사들이 찾아와 유대인의 왕으로 나신 이가 어디 계시느냐고 물을 때, 어떤 반응과 행동이 나왔을 것이라는 추정은 쉽게 할 수 있는 것이다. 이처럼 우리는 그 당시의 역사적 상황들 속에서 복음서를 공부해야 주님의 생각으로 더 들어갈 수 있다.

종교개혁의 3대 표어 중 하나가 "오직 성경"이다. 이 말을 오해해서는 안 된다. 성경 해석에 다른 책이 필요 없다는 말이 아니다. '성경

100독만 하면 도통한다'는 생각은 어리석은 것이다. 바울이 '모든 지식을 배설물처럼 여겼다'는 말은, 지식이 필요 없다는 말이 아니라 성경의 중요성을 강조하는 말이다. 성경 본문에 색깔펜을 긋고 깨알 같은 글씨들을 많이 써놓은 사람이 신령한 것이 아니다. 복음서는 사람들의 글로 된 것이기에 끊임없이 공부하는 목사가 신령한 것이다.

19.

뉘앙스 따라잡기

마태복음은 족보로 시작한다. 예수님을 다윗의 혈통으로 입증하여 유대인들에게 믿게 하기 위해서다. 마가복음은 "하나님의 아들 예수 그리스도의 복음의 시작이라"로 예수님의 공생애로부터 소개한다. '누가'는 역적 예수를 소개한다.

우리 중에 이루어진 사실에 대하여(눅 1:1, 개역개정).

누가는 유대인이 아니라서 이스라엘에 관해서 설명할 때 간혹 틀릴 때가 있다.

요한복음은 시작이 철학적인 것 같기도 하고 장엄한 대서사시로 시작하는 것 같기도 하다. 그래서 요한복음을 공관복음과 구별하는 것 같다. 요한복음은 '로고스'라는 말을 탄생시켰다. 로고스가 인간의 몸을 입고 성육신하여 오신 분이 예수님이라는 논리다.

> 말씀이 육신이 되어 우리 가운데 거하시매(요 1:14, 개역개정).
>
> 태초에 말씀이 계시니라 이 말씀이 하나님과 함께 계셨으니 이 말씀은 곧 하나님이시니라(요 1:1).

로고스가 '말씀'이라고 번역되었으나 그보다 더 크고 넓은 개념이 있을 것이다. 우리가 어렵게 느끼는 뉘앙스를 당시 독자들은 쉽게 이해했을 것이다.

20.

율법에 대한 오해와 이해

(마 5:17-18; 롬 10:4)

예수님 당시에는 613개의 율법 조항이 있었다. 이 조항들을 다 지키는 것은 사실 사람으로서는 불가능한 것이다. 그래서 우리도 율법을 온전히 감당하지 못하는 약점 때문에 그런지 예수님께서 십자가에 돌아가심으로 '율법의 마침'이 되셔서 복음으로 우리에게 율법의 완성을 허락하셨다는 생각을 하는 부분이 있다.

오히려 예수님께서는 율법의 의미를 더 심화시키셨다. 마태복음 5장 17-18절을 보면 "내가 율법이나 예언자들의 말을 폐하러 온 줄로 생각하지 말아라. 폐하러 온 것이 아니라, 완성하러 왔다"(새번역)라고 하셨다. 그런데 우리는 이 말씀을 필요에 따라 각색하여, 십자가의 죽으심이 완성이기에 주님의 은혜로 율법을 적당히 지키면서 살아도 되겠다는 오해에 빠질 때가 있다.

히브리어에서 율법을 '성취하다'는 뜻으로 본다면 이는 율법의 뜻을 잘 알아야 한다는 말이 될 것이다. 그래서 바울은 갈라디아서 6장 2절에서 "그리스도의 법을 성취하라"고 했고, 로마서 13장 10절에서도 "사랑은 율법의 완성"이라는 설명을 한다. 이 말은 오히려 율법을 잘 지켜야 한다는 말이 된다.

그런데 로마서 10장 4절에서 "그리스도께서는 모든 믿는 사람을 의롭게 해주시려고 율법의 끝마침이 되셨다"는 이 말씀을 바울이 아니라 우리가 오해하여, 율법 시대는 끝났고 오직 은혜의 시대가 열렸다는 부족한 생각을 하게 된다. 문제는 번역의 차이다. '마침'이라는 단어는 '종료, 폐지' 또는 '목적'을 말하기 때문에 '예수님께서는 율법을 완성하셨다. 율법의 목적을 이루셨다' 이렇게 번역되었으면 오해가 이해로 바뀔 것이다.

따라서 예수님이 율법을 완성하셨기에 율법은 더 이상 우리에게 무의미하다고 가르치거나 그렇게 생각하는 것은 위험한 신앙이다.

21.

자세히 생각해야 할 단어들(갈 4:9-11)

'초등학문'을 율법으로 잘못 생각하는 사람들도 있다. 초등학문은 이방 기독교인들이 예수님을 믿기 전 가졌던 세속적인 원리, 철학, 우상숭배, 자연숭배 등을 말하는 것이다. 이런 초등학문을 버리고 예수 그리스도를 아는 것이 더 고상하고 최고의 일이라는 것을 바울은 늘 말한다.

특히 그가 아덴에서의 실패를 통해 철학으로, 학문으로 되는 일이 아니라는 사실을 접하면서부터는 더욱 뚜렷이 나타나는 현상이다. 그래서 바울은 자기의 모든 지식을 초등학문이라고까지 말했다.

특히 갈라디아 교회는 이 문제가 심각했다. "어찌하여 그 무력하고 천하고 유치한 교훈으로 되돌아가서…여러분이 날과 달과 계절과 해를 지키고 있으니"(갈 4:9-10, 새번역)라고 절규한다. 바울의 절규다.

바울의 서신을 읽을 때 주의할 점 또 하나는 '여러분'은 기독교인이 된 이방인들을 가리키며, '그들'은 예수님을 믿지 않거나 반대하는 자들을, '우리'는 믿는 유대인들을 말한다는 것이다. "여러분은 다시 무력하고 천박한 초보적인 것들로 되돌아가"(갈 4:9, 우리말성경)라는 문장 속에서 이런 구분을 할 수 있다.

여러 성경의 번역은 참 특색이 있다. '초등학문'을 새번역에서는 "세상의 유치한 교훈", "무력하고 천하고 유치한 교훈"(갈 4:3, 9)으로 번역했다. 우리말성경에서는 "세상의 초보적인 것들", "무력하고 천박한 초보적인 것들"로 번역했다.

22.

잘 모르고 설교하는 일

〈벌거벗은 세계사〉라는 교양 프로그램과 이와 유사한 방송에서, 우리가 은혜 있게 설교한 것이 잘 모르고 설교한 일이 되어버린 것이 너무 많이 있었다. 믿음의 사람, 기도의 사람 링컨에 대한 설교는 지금 생각하기에도 부끄럽고 부족한 설교였다.

링컨은 백악관에 기도실을 만들지도 않았고, 노예폐지론자도 아니었다는 사실에 충격이 컸다. 노예제는 인정하되 노예제의 확산을 반대한 사람이었고, 노예제 때문에 연방이 해체되는 것을 원하지 않았다고 한다. 그리고 링컨은 우리가 생각한 것보다 훨씬 못한 신앙생활을 했다. 그가 성경을 홀로 읽으며 가끔 교회에 출석한 것으로 신앙의 위대함을 말한다는 것은 곤란한 문제다.

이런 사실을 잘 알고 있는 교인들에게 링컨의 일화를 소개하면서 설교자 자신이 은혜받을 정도로 설교한다면 우리는 개념 없는 목사가 되며 성도들이 영적 권위를 인정하지 않을 것이다. 믿음의 전기 중에서 록펠러에 관한 책도 많이 있다. 부풀리기식 은혜가 충만한 책도 있는 것을 보았다. 개인적으로 정직한 전기를 쓰고, 이런 사람들의 이야기가 많았으면 한다.

성경을 내 입맛과 사상에 맞추려는 것이 아니라 성경의 입맛에 내가 따라가야 한다. 성도들의 입맛에 맞는 설교가 아니라 주님이 말씀하고 싶어 하시는 것을 설교해야 한다.

23.

점층법과 점강법

점층법이란 강조법의 하나로, 말하고자 하는 내용의 비중이나 강도를 점차 높이거나 넓혀 그 뜻을 강조하는 수사법이다.

신록은 먼저 나의 눈을 씻고, 나의 가슴을 씻고, 다음에 나의 마음의 모든 구석구석을 하나하나 씻어낸다.

(눈에서 가슴으로, 가슴에서 모든 마음으로 범위가 넓어지고 있다.)

눈은 살아 있다. 떨어진 눈은 살아 있다. 마당에 떨어진 눈은 살아 있다.

(의미가 점점 구체화되고 강해지고 있다.)

목숨을 부지하려고 무엇을 먹을까…걱정하지 말고, 몸을 감싸려고 무엇을 입을까 걱정하지 말아라. 목숨이 음식보다 소중하지 아니하냐? 몸이 옷보다 소중하지 아니하냐?(마 6:25, 새번역).

(한 문장에서 구성된 점층법)

마태복음 6장 27-33절을 보면 전체 문장에서 점층법이 사용되고 있다. "1. 어찌하여 너희는 옷 걱정을 하느냐… 하물며 너희들을 입히시지 않겠느냐? 2. 그러므로 … 걱정하지 말아라. 이 모든 것이 너희에게 필요하다는 것을 아신다. 3. 너희는 먼저 하나님의 나라와 하나님의 의를 구하여라. 그리하면 이 모든 것을 너희에게 더하여 주실 것이다"라고 하여 점점 더 강조되고 있는 것을 느낄 수 있다.

점강법이란 점점 범위를 좁혀서 강조점을 살리는 기법이다. "명예를 잃은 것은 모두를 잃은 것이요, 용기를 잃은 것은 많은 것을 잃은 것이요, 돈을 잃은 것은 아무것도 안 잃은 것이다." 이 문장은 모두를 잃은 것에서 아무것도 안 잃은 것으로 범위가 좁아지는 점강법을 사용하고 있다. 또 하나의 예로 "천하를 다스리고자 하는 자는 먼저 그 나라를 다스리고, 그 나라를 다스리고자 하는 자는 먼저 그 집을 가지런히 하여야 한다"는 문장을 들 수 있다.

이와 같은 강조법은 성경을 주의 깊게 살펴보면 생각보다 많이 나타난다. 그만큼 공감도 많이 만들어진다.

24.

접속사의 발견(마 28:18-20)

우리가 보통 알고 있는 접속사는 '그러나, 그래서, 그리고, 또는, 또한, 그러므로, 그리하여' 정도이다. 접속사의 구실을 하는 단어로는 '오직, 하물며, 이는, 그런즉, 그럼에도 불구하고, 그리 아니하실지라도, 왜냐하면' 등을 성경에서 떠올릴 수 있다.

성경 기록자들은 접속사를 잘 사용했고 중요하게 여기고 있다는 점을 눈치챌 수 있다. 접속사는 문장 내용을 발전시키는 역할을 할 뿐만 아니라 상상력을 더욱 확대시키는 효과를 가져다준다.

우리는 접속사가 앞 문장과 뒤의 문장을 연결해 주는 정도의 역할을 한다고 생각할 때가 많으나 이것은 접속사의 중요한 위치를 잘 모르기 때문이다. 또 접속사의 뒷부분을 결론으로 생각하는 경향이 있지만, 접속사의 앞부분을 강조하는 문장도 있다는 사실을 간과해서는 안 된다.

나는 하늘과 땅의 모든 권세를 받았다. 그러므로 너희는 가서, 모든 민족을 제자로 삼아서…내가 세상 끝 날까지 항상 너희와 함께 있을 것이다.(마 28:18–20, 새번역)

여기에서의 '그러므로'는 인과 접속사라고 말할 수 있는데, 제자들이 복음을 전하러 가기 전에 하나님이 자신에게 권세를 직접 주셨다고 하는 선언과 함께 제자들에게도 자신과 같은 권세를 주신다고 하신 말씀이 중요하다는 점이다.

'왜냐하면'은 상당한 매력이 있는 접속사이다. 주기도문에 등장하는 '왜냐하면'을 보자.

…우리를 시험에 빠지지 않게 하시고 악에서 구하소서. 왜냐하면 나라와 권능과 영광이 영원히 아버지의 것입니다(것이기 때문입니다.)(마 6:13).

로마서 11장 35-36절에서도 "…누가 먼저 무엇을 드렸기에 주님의 답례를 바라겠습니까? 왜냐하면 만물이 그에게서 나고, 그로 말미암아 있고, 그를 위하여 있습니다(있기 때문입니다)"(새번역)라고 하였다.

이렇게 읽어보면 '왜냐하면'이라는 접속사가 무척 중요하게 사용되었고, 더 명확한 이해를 돕는다는 것을 금방 느끼게 된다.

'그리 아니하실지라도'는 대조 접속사라 할 수 있는데, 다니엘의 사건에서 사용되었다.

비록 그렇게 되지 않더라도, 우리는…(단 3:18, 새번역).

여기에서 우리가 익숙하게 읽었던 '그리 아니하실지라도'의 깊은 신앙의 고백을 맛보게 된다.

25.

조연에서 주연으로

(창 22:10-14)

조연으로 이해되던 사건과 사람들이 주연으로 조명되는 것을 발견할 수 있다. 대표적으로 나오미의 베들레헴 귀향, 아브라함과 이삭의 모리아 산 번제 사건, 탕자의 비유, 선한 사마리아 사람의 비유 등이다.

나오미 가정은 베들레헴의 극한 흉년으로 인해 생계를 유지하고자 모압(요르단)으로 떠났다. 지금은 이 지역의 많은 부분이 사막화되어 있지만, 당시에는 초원을 이루며 곡식이 많이 생산되어 살기 좋은 지역이었다. '10년 동안'이란 긴 흉년을 베들레헴 사람들은 어떻게 견디어냈을까? 목숨이라도 부지해 보겠다고 고향을 떠나가는 사람들을 보면서 우리는 어떻게 해야 하는가? 많은 슬픈 생각에 잠겼을 것이다.

룻기가 시작되면서 이들에 대한 살길에 대해서 언급을 하고 있다.

룻기 1장 6절을 보면, 여호와께서 자기 백성을 돌보사 그들에게 양식을 주셨다는 소식을 듣는다. 이 말은 베들레헴에 다시 비가 내리고 곡식이 심기고 양들이 풀을 뜯는 평화로운 일상이 시작되었다는 것이다. 보리가 자라 수확이 가까워진 시점에 나오미가 돌아왔다. 남편과 자식들을 잃고, 그것도 이방 며느리인 룻과 함께 초라한 몰골로 돌아왔다.

룻기 1장 19절에서는 의외의 사건이 벌어진다.

> 그들이 베들레헴에 도착하자 온 성안이 그들 때문에 떠들썩해졌습니다. 그곳 여자들이 말했습니다. 이 사람이 나오미가 아닌가?(우리말성경)

미워하거나 박대하지 않고 오히려 엄청나게 반겨주는 것이다. 모두 자기들의 소유에서 이들이 살아갈 것들을 기쁨으로 제공하였다. 나오미가 실패의 인생에서 하나님의 은총의 지역인 베들레헴으로 돌아온 것이 주제이고, 그를 주인공으로 생각한다.

그러나 이보다도 더 중요한 사건과 인물을 성경은 말하고 싶어 한다. 그것은 베들레헴 사람들과 그들의 배려이다. 자기들만 살겠다고 떠나버렸던 그를 불쌍히 여기는 마음으로 가득 찬 것을 볼 수 있다. 우리는 이 사건에서 숨어 계셔서 나오미를 인도하시는 하나님을 발견하고, 불쌍히 여기시는 하나님의 마음을 만날 수 있다.

아브라함은 이삭을 번제로 드리려고 아침 일찍 모리아 산으로 출발했다. 3일 길은 험한 길이며 바쁘게 걸어야 도착할 장소였다. "번제할 어린양은 어디 있나요?" 번제로 드릴 양이 없는 것을 이상히 여긴 이삭의 질문이다. "하나님이 준비하실 것이다." 이 문장에서 앞으로 어떤 일이 벌어질지 추측하게 된다. "너희는 여기 있으라, 나와 아이는 저기 가서 경배한 다음에 너희에게 함께 돌아오겠다." '함께'라는 말에서 아브라함의 믿음을 본다.

이삭은 자기가 번제물이라는 사실을 몰랐을까? 알고 있었으리라고 추정해 본다. 이들은 걸으면서 계속 침묵한다. 그냥 앞만 보고 걸어가고 있었다(창 22:8). 번제단에 올려진 이삭은 묵묵히 순종한다. 오면서 이런 상황을 이미 알았다는 것이며 하나님께서 요구하시는 자기의 길을 가겠다는, 정리가 된 믿음을 엿볼 수 있다. 우리는 아브라함이 칼을 들어 이삭을 진짜로 찌르려는 순간을 클라이맥스로 생각한다. 아니면 하나님께서 "아브라함아" 급하게 부르시고 "아이에게 손대지 마라"라고 하신 말씀에 감격한다.

성경은 아브라함의 믿음을 인정한다. "네가 나를 사랑하는 것을 알았다." 그러나 자세히 관찰하면 이삭이 주인공인 것을 알게 된다. 번제할 어린양이 준비되었다는 사실에서다. 하나님은 번제할 양을 이미 준비하셨다. 그래서 '여호와 이레'라고 그 땅 이름을, 그리고 그곳의 사건을 말했다.

하나님이 어떻게 하시려는가를 성경은 말하고 싶어 했고, 어린양으로 예수 그리스도를, 2천 년 전 이스라엘을 위하여 준비하고 계셨다는 것을, 또한 우리를 위하여 준비하셨다는 사실을 알고 믿게 하시기 위함이다. 이삭, 양, 예수님 이것이 주인공으로 보인다.

탕자의 비유에서 우리는 대부분 둘째 아들을 주연이라고 생각한다. 또 큰아들이라고 강조하기도 한다. 모두 주인공이다.

> 아들이 아직 멀리 있는데 그 아버지는 아들을 보고 불쌍히 여겨 아들에게 달려가 그의 목을 껴안고 입을 맞췄다. …'잔치를 벌이고 즐기자.'(눅 15:20-23, 우리말성경)

아버지가 주인공이다. 그리고 주제는 아버지의 마음이다. 그 마음 속에 '용서, 기다림'이 아버지의 사랑이고, '달려가는 아버지'는 하나님이시다. 주님이시다.

선한 사마리아 사람의 비유에서도 당연히 주인공은 사마리아 사람이다. 자기들을 사람같이 여기지도 않는 유대인의 생명을 구했기 때문이다. 선한 사마리아 사람을 예수님으로 생각하기도 한다. 그런데 성경은 또 하나의 사건에 주목하게 한다. 주막집, 곧 그 사람을 살릴 수 있는 병원이다. 이 병원은 교회다. 그리고 병원비를 다 내지 못해 다음에 지급한다는 이 말에도 아무런 요구를 하지 않는다. 비용

이 문제가 아니라 한 사람이 살았다는 것이 중요하기 때문이다. 오늘날 교회의 정신이다.

부자와 나사로의 비유에서도, 천국에 있는 나사로와 지옥에 있는 부자나 그들이 있는 장소를 주인공으로 하기보다는 동생들이 이곳에 오지 않기를 부탁하는 소원에 초점을 두고 있다. 그리고 그 초점의 핵심은 모세와 예언자의 말을 들어야 한다는 입장에 있는 사람들, 곧 교회와 목사이다. 이들이 지옥에 가는 사람들을 막아야 한다고 강조하고 있다.

이렇게 주인공과 사건은 새롭게 찾아내야 하고, 이것이 성경의 의도를 올바로 맛보는 것이다.

26.

체면문화

체면문화는 우리나라에서도 상당히 강하게 나타난다. 그리고 중동지역에서는 딸이 간음하거나 부모가 정해준 사람과의 결혼하는 것을 거부하면 가문에 먹칠했다는 이유로 돌로 쳐 죽인다. 체면이나 수치를 상당히 중요시하기 때문이다.

누가복음 11장 5-7절에서는 체면문화를 바탕으로 한 비유가 나온다. "너희 중에 누가…일어나 네게 줄 수 없노라고 말할 사람은 아무도 없을 것이다." 일어나 주되 친구이기 때문이 아니라 다른 이유 때문인데, 바로 이것이 체면문화 때문이라는 것을 말해주고 있다.

한밤중에 와서 문을 두드려도 일어나서 빵을 주는 것이 유대인의 생활방식인 것을 가지고 예수님은 "너희도 그렇게 하거든 '하물며' 하나님이야 말해서 무엇하겠느냐?"라고 말씀하시는 것이다.

27.

추정이 사실로

(고후 11:26-33)

성경에서 어떤 사건과 인물에 대해 추정해보는 것은 재미있는 일이다. 설사 추정이 허무맹랑해도 시도 자체가 아름답기 때문이다. 더군다나 사실에 가깝거나 사실이라면 보화를 캐낸 사람이 되기 때문이다.

바울은 왜 아라비아에 갔는가? 가서 어떻게 지냈는가? 이러한 일에는 큰 관심을 두지 않는 것이 일반적이다. 학문적인 것도 아니고, 교회사에 중요한 한 획을 긋는 사건과 기간도 아니기 때문이다.

그러나 사실, 중요하다면 중요한 일일 수 있다.

> 나보다 먼저 사도가 된 사람들을 만나려고 예루살렘으로 올라가지도 않았습니다. 나는 곧바로 아라비아로 갔다가, 다시 다마스쿠스로 되돌아갔습니다. 삼 년 뒤에 나는 게바를 만나려고 예루살

렘으로 올라갔습니다.(갈 1:17–18, 새번역)

바울이 왜 아라비아로 가게 되었는지 성경에는 설명이 없다. 설명이 없기에 추정을 해보는 것이다.

아라비아에 머문 기간은 정확히 알 수 없다. 3년일 수도 있고, 적게는 세 달일 수도 있다. 아라비아를 광야라고만 생각해 왔다. 아라비아를 지금의 요르단이라고 생각하면 페트라 지역에서 거처를 정했을 것 같은데, 페트라는 홀로의 장소가 아닌 사람이 살고 소도시가 형성된 곳이었다.

바울이 은둔 생활을 하기에는 부적절한 지역이라면 '그는 거기서 무엇을 하려고 간 것일까?'라는 질문은 너무나 자연스럽다. 다메섹 사건은 추정을 하기에 약간의 보탬을 준다. 다메섹을 담당하는 총독이 바울을 체포하려고 해서(고후 11:32-33) 그곳의 성도들이 바울을 광주리에 담아 성벽으로 내려주어서 무사히 나올 수 있었다고 했다. 왜 체포하려고 했을까? 다메섹의 총독은 '아레다' 왕이 임명한 총독이라는 사실은, 바울이 그곳에서 어떤 일을 했고 왜 다메섹에서 이런 일을 당해야 했는가를 짐작하게 한다. 그것은 곧 전도였다.

우리가 보통 은혜(구원)의 체험을 하면 누군가에게 복음을 전하고 싶어 대상을 찾고, 아니면 누구에게든지 전하고 싶은 뜨거운 심정을 갖는다. 다메섹 도상에서의 체험은 당연히 그에게 전도자의 불타는 심정을 소유하게 했을 것이고, 이런 마음으로 페트라 지역의 도시에서 전도했으리라는 것은 너무나 당연하다. 아레다 왕이, 부활하신 예수를 증언하는 처음 듣는 종교이자 유대교도 로마도 배척하는 종교를 전파하는 것을 두고만 보지 않았을 것이다. 다메섹으로 떠난 바울에게 체포 명령을 내린 것은 이러한 이유에서였을 것이라고 추정된다.

예수님의 열두 제자 중에 '가나안인 시몬'이 있다. 시몬 베드로라 칭할 때 비슷하여 고개를 갸우뚱거릴 때가 있었다. 베드로의 시몬은 '순서상 첫 번째, 우두머리'란 뜻이 있기 때문에 '수제자'라고도 하고, '먼저'라는 의미로 번역한 성경도 있다. 그러므로 이름과는 별 상관이 없다. '가나안인 시몬'은 가나안 지역, 페니키아인을 지칭하는데, 이방인이 이 당시에 예수님의 제자가 될 수 있었을까?

누가는 '셀롯인'으로 소개하므로 셀롯당, 열심당원으로 생각나도록 기록했다. 그러나 가나안 사람이 아니라 '가나나' 사람이다. '가나나인 시몬'이라고 번역한 성경은 가나나인은 열심당원이라는 뜻으로 각주를 달아 주었다. 결국 예수님께서 활동하시던 가버나움에서 가까운 갈릴리 호수 동편 '감라' 출신으로 추정할 수 있다.

가이사랴 빌립보에서 예수님은 제자들에게 "너희는 나를 누구라고 생각하느냐?"고 물으셨다. 이 도시는 이름 그대로 '가이사 황제를 기념하는 도시'인 셈이다. 로마는 그리스 신화를 바탕으로 한 수많은 신을 섬기는 것을 장려하는 분위기였다. 이 도시는 이러한 시범 도시라 할 만큼 신들을 위한 도시처럼 신당들이 곳곳에 있었고, 이들 신전마다 사람들이 북적거렸을 것이다.

제자들과 예수님이 이런 광경을 함께 보면서도 예수님의 눈에만 정말 안타깝게 보였다. 목사는 어디 가나 십자가만 보인다는 말과 유사한 상황이다. 고장 난 교회 시설의 여러 부분이 목사의 눈에는 보이고 성도의 눈에는 잘 안 들어오는 것처럼, 지금 예수님과 제자들의 모습이 그런 것 같다.

왜 질문하셨는가를 이런 관점에서 생각해 보면, 저렇게 우상을 숭배하는 저들과 제자들이 무엇이 다른지를 듣고 싶으셨고, 교훈하시기 위한 상황이 눈앞에 펼쳐졌기 때문일 것이다. 그런데 의외의 사건이 벌어졌다. 최고의 사건이다. "주는 그리스도시요, 살아 계신 하나님의 아들이십니다." 예수님도 깜짝 놀라셨던 이 고백은 모든 제자에게 충격적이었을 것이며, 예수님 자신도 너무 행복해하셨다. 정말 기대 이상의 고백이었기 때문이다.

"너의 이 믿음의 고백 위에 교회가 세워질 것이다"라고 축복하신 사람이 나라면 얼마나 좋을까?

28. 해석의 충돌

(롬 3:11; 갈 3:21; 약 1:22-23)

로마서를 읽다가 야고보서를 접하면 가끔 당황할 때가 있다. 해석의 충돌이 일어나기 때문이다. 바울은 로마서를 쓸 때, 로마에 가보기를 원했지만 갈 수 없을지도 모른다는 현실에서 교리적인 문제를 더 강조하기 위한 목적이 있었음을 알 수 있다.

고린도전서 13장 '사랑장'이라 불리는 내용도 유독 고린도 교회에서만 사랑이 강조되고 있다는 사실과 유사한 점이다. 만약에 고린도 교회에 부활에 대한 소망이 강조되어야 할 상황이었더라면 "그 중에 제일은 소망이라"고 했을 것이다. 이처럼 교회와 개인에게 가장 시급하고 필요한 말씀이 강조되다 보니 해석의 충돌이 일어날 수 있다.

바울은 율법이 믿음을 대신할 수 있다고 하지 않았다. 그는 구원을 말할 때는 언제든지 믿음만으로 구원을 받는다고 했다. 그러나 기독인의 삶을 말할 때는 율법에 따라 순종하는 것이라고 했다. 믿음으로 구원받은 사람들이 어떻게 살아가야 하는가에 대한 가르침으로 율법을 말하고 있다.

따라서 믿음과 율법은 서로 따로가 아니라 상호보완 관계에 있다는 것을 우리는 기억해야 한다. 야고보서의 "행함이 없는 믿음은 죽은 것"이라는 대단한 경고는 로마서와 충돌한다는 생각을 갖게 하지만 사실 둘은 서로 상호 보완관계이며, 편지를 받는 사람들이 어떤 조건, 상황에 있는가를 알아야 바르게 이해할 수 있는 것이다.

갈라디아 교회에서도 시작부터 바울의 질책이 쏟아진 데는 분명한 이유가 있었다. 율법주의자들 때문이었다. 오죽하면 할례를 이방인에게까지 주장하는 그들에게 남자의 성기 표피뿐만 아니라 그것까지 잘라버려야 할 것이라고 했겠는가? 고린도전서 15장 '부활장'에서도 부활이 없으면 우리가 전한 것도, 믿는 것도 헛것이라고 몇 번이나 말하고 있는 것이 발견된다.

바울은 믿음보다 율법을 강조하는 교인들에게 마음이 더 간 것 같다. 늘 아픈 손가락이 중요하기 때문이 아닌가?

그러나 야고보는 반대로 믿음만을 강조하다 율법을 경시하는 잘못된 신앙으로 흘러가는 교인들에게 강력히 권고하다 보니 자연히 믿음보다는 행함을 강조하게 되었다고 보아야 할 것이다.

우리가 늘 상황과 시대, 혹 개인에게까지 일반화시키거나 여기에서는 이렇게 저기에서는 저렇게 서로 다르다고 말하는 것은 우리가 부족하기 때문이다.

29.

형이하학적 신앙

믿음이 좋다고 자신 있게 생각하는 사람들 가운데 어이없는 영적 상태를 소유한 사람들이 의외로 많다. 그중에는 목사도 있다.

베드로가 물 위로 걸었다는 사실은 나도 그런 믿음이 있으면 한강 물 위로 걸어갈 수 있다는 잘못된 생각을 하게 할 수도 있다. 믿음이 있어서 물 위를 걸을 수 있는 것이 아니라 주님이 오라고 하셔야 걸을 수 있다는 사실을 모르기 때문이다.

설교에 변화가 있었다. 새로운 믿음의 세계를 경험하려면 "주여, 믿습니다" 하고 물 위로 뛰어들면 걸을 수 있다, 주님만 바라보고 배에서 물로 내리면 물 위로 걸을 수 있다, 주님만 의지하면 가능한 일이라고 말했다. '아멘'이 무척이나 컸다. 《복음서 새롭게 생각하기》 책을 읽은 후에는 알게 된다. "물에 빠지지 않으려면 배에 그냥 있어야 한다. 그게 믿음이란 무모한 생각으로 그런 엉뚱한 모험을 하지 마라. 주님이 오라고 하시기 전까지는 배에서 내리지 말아야 한다."

베드로가 물 위를 걸을 수 있었던 것은 강력한 믿음이 있어서라기보다는 그가 "물 위를 걷게 해주십시오"라고 간청했고, 예수님께서 그렇게 하라고 하셔서 된 일이다(마 14:28-29). 홍해도 모세가 가른 것이 아니다. 하나님께서 하신 일이다. 모세가 기도해서 갈라진 것도 아니다. 성경을 자세히 읽어보면 그렇다.

'땅 밟기'가 유행하던 시절이 있었다. 여리고 성벽을 무너뜨린 기적을 믿고 자신들도 믿음으로 할 수 있다는 것이다. 바라는 땅에 가서 믿음으로 '땅 밟기'를 하면 땅을 주신다는 생각이다. 여리고 성이 무너진 것은 '땅 밟기' 해서 무너진 것이 아니고 하나님이 시키신 대로 하였기 때문에 무너진 것이다.

우리는 성경 속으로, 복음서 속으로 들어가야 한다. 우리의 생각과 경험으로는 부족하다. 많이 부족해지는 것이다. "무슨 독을 마실지라도"라는 말씀을 보고서 우리가 독을 마시면 그 자리에서 죽는다. 내가 믿음이 부족해서 이렇게 말하고 있는가? 아니다. 하나님께서는 그렇게 무지하게 독을 마셔보라고 하시지 않는다.

주님의 생각으로 들어가는 것이 온전한 믿음이다.

제2부

복음서 해석의 연습

1.

듣는 마음

솔로몬의 일천번제는 하나님으로부터 놀라운 제의를 받게 했다. “네 소원이 무엇이냐?”는 어떤 소원이든 다 들어주신다는 강력한 의지가 담겨 있는 문장이다. 솔로몬의 첫 믿음의 길은 ‘순수’였다. 아무런 조건 없이 그냥 감사해서 드린 제물과 제사와 정성에 하나님은 감동하셨다.

솔로몬은 ‘지혜’를 구했고, 그 지혜를 백성들을 위하여 사용하기를 원한다는 것과 그 대답이 더 복을 받게 되는 통로였다고, 지금까지 그렇게 알고 있었다. 그런데 개역개정판 성경을 읽다가 문득 달라진 것이 있었다. “누가 주의 이 많은 백성을 재판할 수 있사오리이까 듣는 마음을 종에게 주사 주의 백성을 재판하여 선악을 분별하게 하옵소서.” ‘듣는 마음’, 이 말이 새삼 다가왔다. 다른 성경들에는 “지혜로운 마음”(큰글자 새번역), “옳고 그름을 가려내는 마음”(우리말성경) 등으로 번역되어 있다.

진정 지혜로운 것은 '듣는 마음'인 것이다. 듣겠다는 생각, 듣고 살피겠다는 행동, 바로 이것을 말하고 있는 것이다. 왜 이것을 구했을까? 자기에게 맡겨 주신 일을 잘 감당하고자 했던 순수한 마음을 발견하게 된다. 왕이 백성의 소리를 잘 들어야 잘 판단할 수 있다. 이것은 역사가 증명한다. 오늘날도 마찬가지다.

대신 교만한 사람은 다른 사람, 백성의 말에 귀를 기울이지 않는다. 지도자는 국민의 소리가 들려야 하늘의 소리로 들을 수 있다. 사람은 하나님의 소리를 들어야, 귀 기울여야만 한다. 그래야 신앙생활을 잘할 수 있다. 정리한다면 '듣는 마음'은 '들으려는 마음'이고, 바로 '들을 귀'이다.

"준비됐나요?"

"준비됐어요!"

어린이집에서 들려오는 신선한 소리다.

2.

배우의 역할(마 6:1-8)

나사렛에서 멀리 바라보이는 신도시 건설 현장 찌포리를 보시면서 도시화의 물결이 파고드는 현장을 실감하고 계셨을 것이다. 특히 젊은층의 연극 구경은 당대의 최고 화두였을 것이다. 연극을 구경하고 서로들 연극배우들에 대한 평가가 대단했을 것이다.

울고 웃기는 배우들, 그들의 연기는 그 사람이 아니라는 것을 모두가 알고 있다. 예수님께서는 종교적인 위선자들을 배우로 지칭하셨다. '외식하는 자'(마 6:2)는 무대에서 연극을 하는 배우를 비유하신 것이다. 예수님은 극장의 용어, 세상의 용어를 과감히 사용하셨다. 사실 이런 말은 유대인들에게는 금기적인 말이었다. 그러나 예수님은 이 말을 사용하심으로 잘못된 신앙생활을 책망하셨다.

왕비의 연기를 하는 순간만 왕비다. 무대에서 내려오면 자기다. 이것이 배우인 것도, 배우는 그 사람과 다르다는 것도 모두 알고 있다. 배우는 관객으로부터 박수 받는 것이 최고의 기쁨이다. 그것처럼 사람들로부터 칭찬받고자 하는 사람들에 대한 요구를 경계하시고 질책하신 것이다.

"거리에서 나팔을 불지 마라"는 말씀은, 극장에서 연극 광고를 하기 위해서 악기를 불고 거리를 돌아다니면서 선전하는 것을 빗대어서 하신 말씀이다. "중언부언하지 마라"는 것은 배우가 대사를 외우기 위해서 계속해 중얼거리듯이 대본대르 외우기만 하는 것 같은 상태를 표현하신 것이다. "슬픈 기색을 보이지 마라"는 말도 슬프지도 않으면서 슬픈 체하는 표정을 짓고, 흉내를 잘 내는 것이 명배우인 것처럼, 이런 모습으로 경건한 체를 하지 말라는 것이었다.

우리가 알듯이 이 교훈의 배경은 극장이고 배우이다. 우리의 신앙생활을 극장과 배우에 비교하면서 강한 질타를 하셨다. 배우처럼 남에게 보이기 위하여, 박수갈채를 받기 위해서 하지 말라는 것이다. 제발, 기도하거나 금식하거나 구제를 하는 것이 연기가 되어서는 절대 안 된다는 사실을 강조하고 계신다.

관객을 감동하게 하는 배우는 아름답지만, 사람 앞에서 쇼해서 감동을 주고자 하거나 존경을 받고자 한다면 그는 어리석은 사람이다. 하나님을 감동하시게 하는 일이 믿음이다. 사람에게 칭찬을 받으려 하지 말고 하나님께 영광을 돌리라고 부르짖고 계신 것이다. 거짓된 연기 같은 모습 치워버리고 진실하고 성실하게 사는 사람, 종교인이 아니라 신앙인이 되라는 말씀일 것이다.

3

별일 다 있었네(막 8:31-34)

예수님께서 처음으로 자신은 십자가에 못 박히기 위해서 이 땅에 오셨고 그 길을 가야 한다고 하셨다. 제자들과 베드로는 꿈에서조차 그런 일은 생각해본 일이 없었다. 그런 일은 절대로 있어서는 안 되는 것이었다. 주님이 그리되시면 자기들의 꿈도, 미래도 다 물거품이 되기 때문이다.

어떻게 하든 예수님을 말려야 할 판, 성경은 베드로가 예수님을 붙들고 "그게 무슨 말이냐며 항의했습니다"(막 8:32, 우리말성경)라고 기록하고 있다. "베드로가 예수를 붙들고 간하여 가로되 주여 그리 마옵소서 이 일이 결코 주에게 미치지 아니하리이다."(마 16:22, 개역한글), 이 문장에서는 상황이 그려지는데, 베드로가 예수님의 바지를 붙잡고 그렇게 되지 말 것을 사정하는 표정, 손의 동작이 보인다.

그런데 여기에서 개역개정성경은 한 발 더 나아가 '항변했다', 즉

대들었다고 표현하고 있다. 화를 내면서 어떻게 우리에게 그럴 수 있느냐고 대드는 상황을 강조하고 있다. 어떻게 감히 그럴 수 있었을까? 사실 우리 한글성경 표현에는 유교적 기질이 많다. '예수님을 어떻게 감히 꾸짖을 수 있겠는가?'라고 하여 신성모독의 표현을 거부하고 은혜롭게 번역한 것이라고밖에 생각할 수 없을 것이다.

어쨌든 예수님과 베드로 사이에 고성과 약간의 몸싸움도 있었다는 것은 명백하다. 베드로의 성격을 잘 알 수 있는 장면이기도 하지만 제자들 모두의 마음도 이와 같았을 것이라고 추정할 수 있다. 그런데 이 해석을 다른 각도로 한 내용이 있는데, 베드로가 제자들 앞에서 그렇게 한 것이 아니고 예수님을 다로 데리고 가서 싸웠다는 해석이다.

예수님 또한 얼마나 화가 나셨을까? "사탄아, 물러가라." 이 말을 들은 베드로는 또한 어떠했을까? 십자가에 달리셔야 한다는 말의 충격, 이 충격이 이렇게 상황을 만들어갔다는 기자의 의도적 편집이다.

4.

선악과 추정(창 2:15-17)

에덴동산에는 여러 과일나무가 있었다. 모두 다 알 수는 없겠지만 최소한 선악과, 생명나무, 무화과가 있었음은 알 수 있다. 그럼 선악과는 지금의 어떤 나무일까? 사과나무라고 하는 사람들은 남자들의 울대뼈에 대한 주장으로 아담이 먹다가 목에 걸린 것이기 때문이라고 한다. 성경에서도 사과나무에 대한 기록은 여러 군데에 있다.

식물학자들은 살구였을 것으로 생각한다. 정확히 말하면 아몬드다. 팔레스타인에서 많이 자라고 있기 때문이다. 랍비 라쉬(Rashi)는 무화과라고 생각했다. 이유는, 그들이 열매를 따 먹은 무화과나무만이 그들에게 잎을 주어 자신들의 부끄러운 곳을 가리게 해주었다는 것이다. 미드라쉬에서는 '에트로그'(etrog)라고 부르는 나무라고 생각하는데, '좋은 나무'라고 부르는 점을 부각한다. 그리고 장막절에 사용하고 있고, 과일 가운데 "보암직하고 먹음직하고 탐스러운" 열매라고 생각하기 때문이라고 했다. 또 포도라고도 했다. 선악과가 인간에게 불행을 가져다준 것처럼 포도주도 사람에게 불행을 가져다주는 일이 많으므로 포도나무를 선악과로 추정하기도 한다. 이런 주장들 위에 나는 석류나무가 아닐까 하는 생각을 해보았다. 석류는 보기도 아름답고 그 속이 빨갛고 씨가 아름답게 박혀 있으며, 노화 방지에 탁월한 영양분이 가득 차 있기 때문이다.

과연 이 중에 선악과라 불리던 것이 있을까? 없다고 생각한다. 마치 요나를 위해서 갑자기 만들어진 큰 물고기처럼 하나님께서는 일회성으로 선악과나무가 존재하게 한 후, 이들의 실패를 보시면서는 이 나무를 없애셨을 것이다. 실패자가 더 나오지 않게 하기 위해서 말이다. 사람을 사랑하시기 때문이다. 창세기 3장 24절에 하셨던 일을 보면 분명한 사랑이시다.

24절 "그룹들을 세우시고, 빙빙 도는 불칼을 두셔서, 생명나무에 이르는 길을 지키게 하셨다"는 것은 사람이 영원히 살게 해서는 안 된다는 결론이었기 때문일 것이다.

그런데 이 생명나무를 지키는 분이 예수님이시지 않을까? 그분은 '생명의 문', '구원의 문'이라고 하셨기 때문이다. 에덴동산 때에는 생명나무를 지키기 위한 것이고, 예수님께서 생명의 문을 여는 것으로 율법의 나무인 생명나무가 복음의 나무인 생명의 문으로 바뀐 것은 아닐까? 엉뚱한 추정을 또 해본다.

5.

우리야의 아내(마 1:6)

이새는 다윗 왕을 낳았습니다. 다윗은 원래 우리야의 아내였던 여인에게서 솔로몬을 낳고(마 1:6, 우리말성경).

마태는 왜 굳이 이렇게 썼을까? 1장 1절에서는 "아브라함의 자손이며 다윗의 자손인 예수 그리스도의 족보"라고 시작하면서 말이다.

분명한 의도가 있을 것 같은데 추정하기에는 역부족이다. 족보에 여인들도, 이방인도 등장시키고 다윗의 허물도 적나라하게 기록한 것은, 아마도 아브라함과 다윗의 후손이라는 선민의식이나 율법주의적인 사고와 행동을 하는 바리새인들을 비롯하여 예수님을 적대시하던 사람들에 대한 반응은 아닐까?

다윗은 그토록 아름다운 여인이 목욕하는 것을 보았다. 사실, 이 여인보다 아리따운 여자들도 있었다. 그런데 눈에 콩깍지가 쓰인 것이다. 자다가 일어나 정신이 덜 든 상태에서 바라본 여인은 당연히 가장 아름답게 보였을 것이다. 보일 수 있는 곳에서 목욕했다는 것 자체가 사건의 시작이다.

너무 아름다워서 그녀를 취했다는 것도 맞지만 더 정확하게는 다윗의 생각을 파고든 욕정 때문이었다. 결국 밧세바를 데려와 자기의 욕정을 풀었다. 그런데 생각지도 못한 문제가 생겼다. 임신한 것이다. 간통인데 임신할 수 있다는 생각은 안 했을까? 다윗의 부하들이 이런 점검도 안 했을까? 다 점검했을 것이다. 이렇게 생각하는 이유는 완전범죄가 되도록 일을 꾸몄기 때문이다.

밧세바는 임신할 수 없는 상태다. 막 생리가 끝났기 때문이다. 요염하게 밖에서 남자들의 이목을 끌기 위한 목욕은 아니었다. 추측하건대 생리 후 정결 예식으로 목욕을 했다고 가정한다면 다윗도 안심하고 동침했을 것이다. 따라서 그녀도 같은 생각이었을 것이다. 신혼 같은 분위기에다, 남편은 전쟁에 나가서 언제 올지, 살아서 돌아올지 어떨지 모르는 상황에다, 왕이 원하니, 즉각 OK할 수 있었던 것 같다.

결국, 이 임신은 사람에 의해서가 아니라 하나님께서 이들의 죄를 드러내게 하시려는 의도가 있었음을 알 수 있다. 그러나 깨닫지 못하는 다윗은 그의 남편까지 적진으로 몰아넣어 죽게 했다. 죄를 덮으려던 것이 더 큰 죄를 범하고 만 것이다.

합법적으로 그녀를 아내로 맞아들인 다윗을 하나님께서는 그냥 넘어가지 않으셨다. 그녀가 낳은 첫아이는 난 지 얼마 안 되어 죽었다. 아버지로서의 다윗은 아이가 살아날 수 있도록 금식하며 기도했으나 아이는 끝내 죽었다. 나중에 선지자 나단으로부터의 책망은 더 큰 아픔으로 남게 되었다.

왜 마태는 정식으로 결혼해서 낳은 솔로몬을 이렇게 기록하고 있는 것일까? 당연히 의도적이다. 마태복음을 저술할 정도의 사람이 실수로 그랬다고 하기에는 곤란하다. 성경을 읽는 사람들에게 죄가 얼마나 무서운 것인가를 알게 하는 동시에, 예수 그리스도의 죄 사함의 은총을 염두에 두고 그랬을 것으로 생각한다면, 너무 엉뚱한 해석만은 아닐 것이다.

6.

유월절 준비(눅 22:7-13)

나귀를 끌고 오라고 하신 예수님, 주인이 물어보면 주께서 쓰시겠다고 하면 내줄 것이라는 말에 제자들은 당황하지 않았을까? 성경은 제자들이 순종해서 아무런 문제 없이 해결된 것만 말하고 있다. 그런데 또 하나, 유월절 만찬을 해야 할 공간, 집을 구해야 할 때도 예수님께서 또 앞의 방법과 비슷하게 하셨다.

> 너희가 성 안으로 들어가면, 물 한 동이를 메고 오는 사람을 만날 것이니, 그가 들어가는 집으로 따라가거라.(눅 22:10, 새번역)

제자들은 더 이상 묻지도 않고 가서 이 문제를 해결했다. 천사가 인도하거나 알려주지도 않았는데 어떻게 할 수 있었을까? 원문에는 '남자'라고 표기되어 있다고 한다. 그러면 상당히 찾을 확률이 높다.

그러나 남자가 또 한둘인가? 물을 나르는 남자가 거의 없다고 해도 그 시간에 그렇게 만날 수 있는 것은 분명 아니다.

'람사'에 따르면 남자가 하인이나 종이었을 것이라고 했다. 특히 남자들만 묵는 여관에서는 남자 종업원들이 물을 길어 나르는 일을 했기 때문에 바로 이런 배경이었을 것이라고 했다. 그러나 예루살렘에 여관이 한 곳만 있었을 것이 아니기에 속 시원한 대답은 아니다.

그러면 왜 이렇게 두 번씩이나 황당한 일을 지시하셨을까? 간단한 답을 말하고 싶다. 제자들에게 당신이 주님이시라는 것을 은근히 드러내시는 일이었다고 억지를 부리고 싶다. 이런 사건으로 하나님께서 보내신 그분임을 더 믿게 하기 위해서, 조금이라도 이들이 믿는 일이 분명하도록 하기 위한 주님의 배려가 아닐까?

7.

제자 삼으라(마 28:18-20)

교회 이름은 지역 이름을 제외하고는 대부분 뜻을 품고 있다. '제자들교회' 하면 제자들 같은 사명과 믿음을 추구하는 목적, 목회자의 철학이 담겨 있다. 히브리적인 문장구조 가운데 동사가 차지하는 역할에 대해서는 이미 많이 강조했다. 이 사실을 잘 아는 설교자가 더 좋은 설교를 할 수 있다는 것은 말할 필요가 없다. 특히 좀 더 세밀히 본동사와 보조동사를 잘 구별할 줄 안다면 금상첨화이다.

이 본문은 대개 19-20절만 택하지만 실은 18-20절까지가 더 좋은 선택이다. "너희는 가서", "모든 민족을 제자로 삼아서", "아버지와 아들과 성령의 이름으로 세례를 주고" "모든 것을 지키게 하여라"는 동사를 만난다. '가서(가라)', '제자 삼으라', '세례를 주라', '지키게 하라'는 것이다.

가서, 주고, 지키게 하라는 계속적 명령이다. 행동 명령이라고도 한다. 여기에서 '제자 삼으라'는 동사가 목적 명령을 이루는 본동사이다. 이 일을 위해 가고, 세례를 주고, 지키게 하여야 한다는 것이다. 복음을 받은 사람들을 제자로 성장시키기 위하여 지속해서 주님 오시는 그날까지 해야 한다는 책임이다. 따라서 '가서 제자 삼으라'에 초점이 있다는 것을 알아야 주님의 의도를 아는 것이다. 그리고 우리는 순종할 수 있는 것이다.

18절은 제자들이 이 명령을 준행할 수 있는 권세를 주님으로부터 받는다는 점을 전제하면서, 자신도 이 권세를 하나님으로부터 받았다는 점을 간접적으로 말씀하신다. 특히 20b절에서는 "보아라, 내가 세상 끝 날까지 항상 너희와 함께 있을 것이다"라고 보증을 하신다. 용기를 주신다.

또 하나 중요한 단어는 '그러므로'인데 접속사이다. 인과 접속사라고 한다. '그러므로' 앞의 문장은 말씀을 받는 사람에게 주시는 하나님의 주권에 대한 약속이 언급되어 있고, 접속사에 이어서 사역의 원리를 설명하고 접속사의 끝부분은 주님의 명령을 받는 사람이 사역이 가능하다는 분명한 확증을 약속함으로 용기를 갖고 일하게 하신다. 그래서 인과 접속사라고 말하는 것이다.

우리는 접속사의 앞부분은 소홀히 대하여 왔다. 그러나 이것 또한 매우 중요하다는 사실에, 성경 여러 곳에서 나오는 이 구조를 잘 발견하여 더 좋은 해석과 설교를 하는 것이 주님의 뜻이며 명령임을 발견하게 된다.

8. 달리다굼

가버나움은 '거라사'에서 빤히 보이는 거리에 있기에 얼마든지 하루에 다녀올 수 있다. 예수님께서는 거라사에서 귀신 들린 사람을 고쳐주시고 오후에 가버나움으로 귀환하셨다. 가버나움은 예수님의 거점이다.

예수님을 그토록 기다리는 한 사람은 회당장 '야이로'였다. 열두 살 난 딸이 죽어가고 있었기 때문이다. 예수님께서 이 사람의 간청을 듣고 그와 함께 집으로 가시는 도중에 딸이 죽었다는 연락을 받았다. 집에 가도 방법이 없었을 터인데 예수님은 계속해서 집으로 향하셨다. 애곡하는 소리가 들리고 벌써 장례 준비가 시작되었다.

우리나라처럼 삼일장을 치르는 것이 아니라 당일에 장례를 한다. 이미 죽을 가능성이 컸기에 준비를 한 것 같다. 부자일수록 구슬프게 우는 사람들을 고용해서 울게 하는 것이 최대의 애도 표시다. 야이로의 딸도 많은 사람이 애도했다는 것을 보면 이 가정의 환경과 외동딸에 대한 장례가 이해된다.

예수님은 딸이 있는 방으로 부모, 베드로, 요한, 야고보만 들어가게 하셨다. 방으로 들어가 문을 닫고 이 소녀에게 말씀하셨다. “달리다굼!” 이 말은 지극히 일상적인 말이다. 부모들이 아침에 아이들을 깨울 때 쓰는 말이다. “얘야, 그만 자고 어서 일어나!” 아주 다정스럽게 말씀하신 것이다. 그러자 정말 자고 있다가 일어나는 것처럼 아이가 자리에서 눈을 뜨고 일어났다. 모두 얼마나 신기하고 놀랐을까?

우리들의 상식은 큰 소리로 기도하거나, 온 힘을 주어 안수하거나, 주술을 외우듯 하거나, 어떤 강렬한 의식을 상상하게 되는데 전혀 다르다는 사실을 알게 된다. “아이가 죽은 것이 아니고 자는 것”이라고 하셨다. 여기서 예수님의 생각을 읽게 된다. 예수님께서는 죽은 사람이 살아나는 일은 자는 사람이 깨어나는 것과 같은 일이라는 것을 보여주신 것이다. 부활에 관한 믿음을 모두에게 선물하신 것은 아닐까?

최소한 2년에 한 번은 마취제를 맞고 내시경을 받는다. 금세 마취가 되어 아무것도 모른다. 그 사이에 의사는 내시경을 통해서 진찰과 치료를 한다. 그리고 정한 시간이 되면 깨어난다. 혹 늦게까지 일어나지 않으면 간호사가 와서 깨운다. “손님, 일어나세요.” 이런 원리와 비슷하다고 생각해 본다.

이후에 이 집에서는 어떤 일이 벌어졌을까? 추정이다. 추정은 더 말씀을 실감나게 한다. 잔치를 했을 것이다.

> 주님께서는 내 통곡을 기쁨의 춤으로 바꾸어주셨습니다.(시 30:11, 새번역)

이 말씀이 생각난다. 그리고 이렇게 죽음의 잠을 자고 나면 아침이 되어 눈을 뜨듯 천국에서 눈을 뜨고 일어나는 것이 죽음이다. 그리고 이 집이 잔치를 열었듯이 나를 위한 천국에서의 잔치가 열릴 것이다.

9.

과수나무 가지치기(요 15:1-4)

좋은 농원에서 직접 과일나무를 관리하고 있다. 그래서 나무들이 열매를 맺게 되는 과정을 잘 안다. 포도는 무화과나 다른 과일나무들과는 다르게 관리를 잘해야 좋은 열매, 상품의 열매를 만들 수 있다.

포도나무는 배수가 잘되는 땅에 심어야 한다. 이것이 첫째 조건이다. 이런 땅을 고르는 것이 최고로 중요한 일이다. 우리의 신앙에서 최고로 중요한 일은 무엇인가? 둘째로 가지치기를 잘 해주는 것이 절대 필요하다. "더 많은 열매를 맺도록 깨끗하게 손질하신다"(요 15:2, 우리말성경)는 말은 가지치기를 말한다. 특히 포도나무는 심하다 싶을 정도로 가지치기를 해주어야 한다. 옛 가지에 영양분이 가지 못하도록 잘라내고 새 가지에 영양분이 충분히 공급되게 하는 것이다.

"너희는, 내가 너희에게 말한 그 말로 말미암아 이미 깨끗하게 되었다"(요 15:3, 새번역)는 말은 주님께서 일차적으로 가지치기를 하셨다는 말이다. 그러나 해가 바뀌면 다시 가지치기를 해야 하는데, 그때는 너희가 해야 한다는 말이다.

"가지가 포도나무에 붙어 있지 않으면 스스로 열매를 맺지 못하는 것처럼 너희도 내 안에 있지 않으면 열매를 맺을 수 없다"(요 15:4, 우리말성경)라는 것은 열매를 맺기 위해서 아무리 노력해도 가지에 붙어 있지 않으면 소용없는 것처럼 주님께 붙어 있어야 한다는 말이다. 가장 상식적인 말이지만 가장 주의할 점이기도 하다.

"무릇 내게 붙어 있어 열매를 맺지 아니하는 가지는 아버지께서 그것을 제거해버리시고"(요 15:2, 개역개정)다는 말씀은 교회에 다닌다고 열매를 맺는 것이 아니라는 것과 열매 자체를 못 맺는 사람도 있다는 것을 염려하고 있다. '염려', 주님의 마음이다. 이러한 일의 결과는 잘라버리신다는 것이다. 잘린 후 밖에 버려져 불살라지게 된다는 경고 중의 경고를 하셨다.

그런데 깊게 생각해 볼 단어가 있다. '제거해버린다'의 뜻은 '들어올린다'는 작업을 말한다. 열매를 맺을 수 있도록 포도나무 줄기를 하늘을 향해 들어올린다는 말이다. 가지가 땅 가까이 붙어 있으면 흙이 묻거나 오물이 묻어서 열매가 썩거나 떨어지기 때문이다. 또 낮게 있으면 햇빛을 충분히 공급받지 못하기 때문에. 이 일은 꼭 농부가 해주어야 할 숙제이다. 예수님도 마찬가지로 이런 수고를 늘 하신다. 열매 맺지 못하는 우리를 위하여 계속적으로 수고를 해주신다는 점을 알면 감사와 기쁨이 훨씬 커진다.

'깨끗하게 하다'라는 단어를 두 번 사용한 것은 그만큼 중요하다는 것을 알게 할 뿐만 아니라 열매를 많이 맺으려면, 좋은 포도 열매로 존재하기 위해서는 깨끗해야 한다는 것이다.

10.

그날이 도적같이

작은 교회들의 절규가 메아리친다. "방역수칙을 철저히 지키며 예배를 드렸고, 대면 예배 안 된다고 해서 동영상 예배를 드렸는데 더는 버티기 어려울 것 같다. 언젠가 대면 예배를 드리기 시작하면 원상 회복이 될 것이라는 확신과 희망이 있었는데, 우리 교회 의식과 예배의 정신이 무너져가고 있는 것을 본다." 이런 입장에 있는 목회자들이 점점 많아지고 있다.

"나는 그동안 진정한 교회를 모른 채 목회 현장을 지키기만 했던 것은 아닌가? 요나 증후군에 함몰되어 자신을 향해 화를 내다 못해 마침내는 자학하며 버둥대는 나의 모습이 너무 어처구니없다"는 말 또한 우리 모두의 아픔의 현장이 되었다.

정말 그날이 도적같이 왔다. 교회가 무너질 징조가 보였는데도 아무것도 알지 않고, 아무것도 하지 못하는 우리가 싫다. 예배와 교회는 믿음의 생명이다. 핑계도 대고 싶다. 비민주주의 국가의 법으로 전락했다고, 코로나19의 팬데믹이 너무 위중했기 때문이라고. 그러나 사실 문제는 우리에게 더 있었다. 신자들보다는 목사인 우리에게 더 큰 문제가 있었다는 것을 이제야 조금이나마 알게 되었다.

〈개미와 베짱이〉 우화에서처럼 베짱이 모습으로 목회를 했나보다. 목사인 우리의 정체성까지 흔들리게 하는 지금, 우울증과 절망이 함께 팬데믹으로 우리에게 다가온 지금, '아- 어쩌란 말인가?' 하는 이 마음이다.

주님을 부인했던 베드로는 정신을 차리고 나서 그런 일을 저질렀던 자신을 한없이 원망하고 원망했을 것이다. 깨어 기도하라고 그토록 권고하셨는데, 그때는 그것이 그렇게 중요하다고 생각하지 않아 결국 지금의 자기가 된 것에 통곡했을 것이다. 우리도 결국 교회사의 좋지 않은 한 획을 긋고 말았다. 통곡하고 통곡해야 할 베드로만큼이나 처참하다.

이제 우리끼리 책임을 전가하는 일만 남을지도 모른다. 해방 후, 신사참배를 정당화한 사람들과 결사각오로 거부한 사람들의 싸움은 그 누구도 승리하지 못하고 서로 간의 상처만 크게 남겼다. 코로나19로 인한 예배에 대해 교인 간의 의견이 그때처럼 서로 상처만 주는 비난의 빌미가 된다면 주님이 과연 기뻐하실까? 이해하고 포용하고 용서하는 큰 마음을 갖지 않는다면 모두가 같은 사람들이 된다.

백신과 치료제를 그렇게 기다리는 사람들처럼 우리 또한 영적 백신을 기다린다. 코로나 백신은 연구소에서 개발하지만, 영적 백신은 십자가에서 흘러나온다. 십자가로 돌아가야 치료된다. 미래에 대한 예방으로 해석해서 위로를 희망으로 삼자. 멸망하기 바로 전의 예레미야의 심정이 조금 이해된다. 이스라엘은 결국 멸망했다. 그러나 우리는 새로운 이스라엘인 구원의 은총을 노래하는 교회로 주님께 영광 돌릴 것이다.

11.

그때 생각이 나서

요한복음 2장 13-20절은 예수님께서 성전을 청결하게 하신 사건을 소개하고 있다. 우리가 생각하는 것보다 실제의 모습은 훨씬 더 강력했을 것이다.

> 예수께서는 노끈으로 채찍을 만들어 양과 소들을 모두 성전 밖으로 내쫓고 돈을 바꿔 주던 사람들의 동전을 쏟고 탁자를 엎어 버리셨습니다. 이것들을 여기에서 치워 버리라! 내 아버지의 집을 장사하는 집으로 만들지 말라!(요 2:15-16, 우리말성경)

이 행동을 보면서 제자들은 당황했을 것이다. 그리고 그곳에 있었던 모든 사람들도 깜짝 놀라 허둥댔을 것이다. 당사자들과 성전 관계인들은 난동을 부리는 이 사람에 대하여 적극적인 대응을 준비했을 것이다.

제자들은 성전에 대한 예수님의 순수하고 뜨거운 열정을 보면서 말씀이 생각났다고 했다. “주의 집을 향한 열정이 나를 삼킬 것이다.” ‘나를 삼킨다’는 말은 ‘죽는다’는 말이다. 죽어도 이렇게 하는 것이 옳다는 결연한 모습에 감동되어 주님이 시편 69편 9절의 그분인 것을 알게 되었다.

유대인들은 예수님께 이렇게 할 자격이 있느냐 물었다. 자격의 조건은 하늘의 표적이었다. “이 성전을 허물라. 그러면 내가 3일 만에 다시 세우겠다.” 46년 동안이나 건축한 성전을 3일 만에 세운다고 하니 기가 막혔을 것이다. 사실 성전이 완성되기까지 80년이 넘게 걸렸고, 예수님 당시에도 공사가 계속되고 있을 정도로 헤롯이 짓는 성전의 규모와 화려함은 당시의 건축술로서는 최고였다.

이런 성전을 사흘 만에 짓는다고 하니 그들에게는 정신 나간 소리로밖에 들리지 않았을 것이다. 이 말에서 성전이 바로 자기 몸을 가리킨 것이었다고, 요한은 자기가 알게 된 사실로 독자를 이해시킨다. 한 걸음 더 나아가 “나중에 예수께서 죽은 사람들 가운데서 살아나셨을 때에야 제자들은 이 말씀을 기억했고”(22절, 우리말성경)라고 하여, 제자들은 성경과 예수님께서 하신 말씀을 믿게 되었다고 했다.

요한은 제자들이 성경 말씀이 생각났다는 것과 성경 말씀과 예수께서 하신 말씀을 믿게 되었다는 점을 누누이 강조한다. 이러한 의도는 "많은 사람들이 그분이 행하시는 표적을 보고 그 이름을 믿었습니다"(23절, 우리말성경)라는 말을 첨가함으로 드러나고 있다.

말씀을 많이, 정확히 알고 있는 것이 얼마나 중요한가를 알게 하는 대목이다. 유대인들은 성경 암송의 대가들이다. 그리고 구약 전체를 알고 이해하고 있다고 해도 과장이 아니다. 복음서 중에 마태복음은 예수님께서 하셨던 말씀과 행동에 관하여 다른 복음서보다 구약을 훨씬 더 많이 인용해 확인해 주는 친절을 보였다.

결국은 믿게 하기 위해서이며, 더 잘 믿기를 바라는 마음에서일 것이다. 우리의 일상에서 성경 말씀이 생각나는 것은 성경을 알고 있기에 그렇다. 우리의 신앙에서 성경이 말하는 소리를 들을 수 있는 것은 성경에 대한 이해가 있기 때문이다. 성경을 읽을 수 있는 지식의 눈이 있고 성경을 느낄 수 있는 믿음이 있다는 것은 최고의 은총임이 분명하다.

12.
기다림

기독교는 기다림의 종교라고 말한 사람이 있다. 기도는 기다림의 절정이다. "그리스도인의 기도에는 언제나 애씀보다 기다림이 더 많아야 한다"고 이블린 언더힐은 말했다. 기도의 승리는 기다림이다. 기도하고 나서 기다리는 일은 결코 쉬운 일이 아니다.

> 내가 여호와를 기다리고 기다렸더니 귀를 기울이사 나의 부르짖음을 들으셨도다(시 40:1, 개역개정).

2~30년 만에 응답 받은 이들은 사가랴와 엘리사벳이었다. "너의 간구함이 들린지라." 하나님이 계신 곳까지 기도가 도착하는 시간이 긴 걸까? 요즘 시대에도 호치민에서 카톡 보내면 0.1초밖에 걸리지 않는데 하나님의 과학은 이보다 위대하고 빠른 것이 분명하다. 그러

면 이 문제는 아닐 것이다.

기도에는 유효기간이 없고 죽을 때까지, 아니 천국에서도 응답 받을 수 있다. 우리의 기도가 폐기된 것이 아니라 기도의 창고에 다 쌓아놓으시고 가장 알맞을 때 응답하시기 위해서다. 또는 응답해주시면 안 되는 것들이 있기 때문일 것이다. 그러므로 '무응답이 응답'이라는 성숙한 자세가 바로 기다림이다.

기다리다가 어느 날 문득 응답을 발견하게 될 때도 있다. 권사님 한 분이 매번 만나기만 하면 머리가 아프다고 하셨다. 심방을 가면 늘 머리가 맑게 해달라고 기도했고, 생각날 때마다 기도했다. 2년이 지나 머리가 아프다는 말을 하지 않으시기에 물었더니 "요즘에는 머리가 맑아요." "진작 말씀해 주셨어야죠. 지금까지도 기도했잖아요."

아기 예수님을 보는 것이 목적인 시므온과 안나의 기다림은 아름답다. 날마다 성전에서 약속을 믿고 기다린 결과 아기 예수님을 만나는 영광을 얻었다. 우리가 이 말씀을 읽기는 쉽지만, 이 사람들처럼 하기는 어렵다. 믿고 기다리는 성숙함이 부족하기 때문이며, 훈련되지 못했기 때문이다. '빨리빨리'가 현재 한국문화의 한 부분이기에 더 그렇다.

기다림은 설렘을 동반한다. 신랑을 맞이하는 열 처녀의 비유에서고 그랬다. 우리에게도 기다림은 설렘이다. 사랑하는 사람을 기다릴 때 긴 시간도 지루하지 않은 이유는 설렘이 있기 때문이다.

우리는 주님이 오시는 것에 대한 기다림과 주님이 우리를 부르시는 것에 대한 기다림이 함께 있다. 기다린다는 것은 믿기 때문이다. 약속을 믿기 때문이다. '거룩한 소망'을 우리는 기다린다. 부활의 아침을 기다린다. 상급의 현장에 내가 서 있는 날을 기다린다. 목사인 나는 성도들의 온전한 믿음, 진정한 믿음의 성숙을 기다려본다.

13.

다 무너질 것이다

예루살렘 성전을 보면서 제자들이 얼마나 굉장한 규모며 건물이냐고 감탄하고 있을 때, 예수님은 "여기에 돌 하나도 돌 위에 남지 않고 다 무너질 것"이라고 하셨다. 전혀 이해할 수도 없고, 이해될 수도 없는 말씀을 하셨다. 이유인즉, 헤롯이 대대적으로 유대인들의 민심을 얻기 위해서 건축한 것이라 그 규모가 당시로서는 어마어마했기 때문이다.

헤롯은 본래 성전보다 2배나 확장시켰고, 요한복음 2장 20절을 보면 이 성전을 짓는 데 46년이나 걸렸다고 했다. 이런 대단한 건물인 성전을 '3일 만에 세우겠다'고 하셨으니 모두 어리둥절할 수밖에 없었을 것이다. 나중에 이 말은 예수님께서 3일 만에 살아나실 것을 말씀하신 것이라고 설명했으나 듣는 당시에는 전혀 이해할 수 없는 말씀이었다.

예수님께서 예언하신 대로 예루살렘 성전은 70년 로마의 디도 장군에 의해 함락되고 다 무너져버렸다. 로마에 대한 유대인들의 저항에 가장 효과적으로 복수한 것이다. 그런데 예수님께서 성전이 무너지는 것만을 말씀하신 것일까?

유대인들이 다 무너지고 겨우 남아 있는 예루살렘 성벽, 일명 '통곡의 벽'에 기도문 또는 소원을 적은 쪽지를 끼워넣는 것은 이곳에서 하는 기도나 쪽지의 내용이 하늘나라까지 간다는 믿음에서이다. 이러한 최고의 장소가 하루아침에 다 무너진 것이다. 이들의 마음은 어떠했고, 생각은 또 어디까지 갔을까?

시간대가 맞지 않을 수 있으나 '성전 청결' 사건이 공생애 앞부분에서 있었다면, 분명히 성전이 무너진다는 것은 건물보다는 저들의 신앙구조, 잘못된 믿음의 형태가 아닌가라는 생각을 해본다. 새로운 신앙의 요구를 말씀하셨을 것이다. "다 무너져야 한다. 그리고 다시 세워져야 한다. 신앙의 모습이…." 아마 절규하시면서 말씀하셨을 것이다.

14.

더벅머리 총각 예수

사람 예수, 인간 예수라는 표현을 강조하는 사람들의 생각과 행동을 충분히 이해한다. 그렇다고 전적으로 동의는 하지 않는다. 그러나 우리는 알게 모르게 신적인 예수만을 머리와 가슴에 품고 있기 때문에 오히려 예수님을 잘 모를 수 있다는 점을 생각해 볼 필요가 있다.

30여 년간 보통 사람으로 나사렛에서 사셨던 예수님, 이 역사적인 사실을 살펴볼 이유가 있다. 예수님의 청년 시절은 석수라고 표현하는 것은 '찌포리' 신도시 건설 현장에서 일하신 것을 추정하게 한다. 그러나 그보다는 일상생활에서 집안의 여러 가지 용기들을 수리해 주는 일이 '목수'라는 용어와 더 밀접하지 않을까?

찌포리는 우리에게 익숙하지 않은 지명이다. 잘 알지도 못하는 지역이다. 그러나 중요한 지역이라고 강조하는 것은, 헤롯 안티파스가 세운 도시로서 이곳에 상당히 많은 사람이 살고 있었고, 갈릴리 지역에서 번창한 이방 도시로 건설되고 있었기 때문이다.

이곳은 평지에 건설되었다는 점에서 산지인 나사렛에서 볼 수 있는 거리였던 것 같다. 따라서 예수님은 최소한 이곳을 잘 알고 계셨을 것으로 추정해본다. 예수님의 비유나 교훈(용서하지 않는 종의 비유, 왕의 아들의 혼인 잔치의 비유, 전쟁에 관한 이야기)에서 그것이 상당히 느껴진다. 예수님의 말씀 중에서 '연극배우'에 관한 것은 공연하는 극장에 가보셨던지, 아니면 최소한 그 당시 관심사였던 극장과 배우에 관한 내용은 잘 알고 계셨던 것이 분명하다.

예수님의 소년 시절 기록에서 명절에 예루살렘에 올라가셨던 일은 새로운 세계, 놀라운 일들에 대한 눈이 뜨이는 경험이었을 것이다. 이곳에서 토라에 대한 다양한 견해를 들었을 것이고, 자신도 참여해 생각을 말했을 것이다. 예수님의 삶은 평범했을 것이다. 당시에 회당에서 하던 모든 교육과 경건의 일들에서 인간 예수를 발견하게 된다.

이러했던 예수님이 요단 강에서 요한으로부터, 아니 하늘로부터 세례를 받고 가족들과 지인들이 상상도 할 수 없는 선지자 일을 하고 있다는 사실에 '미쳤다'고 한 것은 아마도 당연한 일이었을 것이다.

예언자는 자기 고향과 자기 친척과 자기 집 밖에서는, 존경을 받

지 않는 법이 없다.(막 6:4, 새번역)

이 말에서 당시의 상황을 추정해볼 수 있고, 예수님의 아픈 마음도 읽을 수 있다. 예수님을 붙들러 온 가족들을 보면서 "누구든지 하나님의 뜻을 행하는 사람이 곧 내 형제요 자매요 어머니다"라고 하셨다.

15. 마지막 만찬

예수님의 생애에서 마지막 만찬은 '성찬식'이라 할 수 있는 식사다. 그런데 실제로 마지막 식사는, 예수님이 부활하신 후 갈리리 호수에서 제자들과 하신 식사이다. 제자들은 예수님과 만났을 때 설레는 마음과 더불어 뵐 면목이 없는 마음이었을 것이다. 이런 상태에서 예수님께서 "이리 와서 같이 식사하자"라고 하셨을 때 제자들의 마음은 어떠했을까?

그때보다 훨씬 초라한 식사 준비였지만 주님이 직접 준비하셨고, 더욱 감격인 것은 주님이 먼저 식사하자고 하셨기 때문이다. 식사는 따뜻한 배려다. 유대인들에게 있어서 식사에 초대하고 초대받는 것은 우리가 생각하는 것보다 훨씬 중요하고 좋은 관계인 것이다.

"너희가 보여주었던 모든 모습은 다 용서했다." '과거형'으로 말씀하셨다. 특히 베드로에게 있어서 그 아침의 식사는 감개무량했을 것이다. 그리고 그곳에서 어떤 이야기들이 오고 갔을지가 참으로 궁금하다. “예루살렘을 떠나지 말고 성령을 기다리라”라고 분명 말씀하셨을 것이다. 베드로와 제자들은 그 약속의 말씀을 믿었기에 성령 받고, 성령 충만하여 새로운 사람들이 되었다는 사실을 중요하게 다루고 있는 것을 볼 수 있다. 단순한 식사만은 아니었다.

식사 후, 다음 내용은 없다. 왜 그럴까? 모두가 다 알고 있는 일이기 때문이다. 그리고 그것이 그다지 중요하지 않기 때문이다. 왜냐하면 베드로에게 엄청난 요구와 축복을 하셨기 때문이다.

예수님은 베드로를 주목하시면서 베드로에게 너무나 간절하고 분명한 음성으로 말씀하셨다. “네가 나를 사랑하느냐?” 세 번을 물으셨고, 베드로는 세 번 다 그렇다고 대답했다. 다시는 그런 일은 없을 것이라는 뜨거운 고백을 담아 대답했을 것이다. “나를 따라오라. 내가 너를 사람을 낚는 어부가 되게 하겠다”고 하셨던 것이, 이제는 “내 양을 치라”고 하신다.

이 명령에 베드로는 성실했다. 끝까지 양들을 버리지 않고 순교했기 때문이다. 그리고 주님은 알고 계셨다. “베드로가 어떠한 죽음으로 하나님께 영광을 돌릴 것”을 아시고 축복하신 것이다. 관계가 얼마나 아름답게 회복되었는가!

16.

명쾌한 해석

수고하고 무거운 짐 진 자들아 다 내게로 오라 내가 너희를 쉬게 하리라(마 11:28, 개역개정).

힘들고 지치고 눈물 날 때, 최고로 위로받을 수 있는 말씀이다. 이 말씀에 담긴 예수님의 진심을 느끼는 것이 중요하다. 예수님도 가장으로서 식구들을 부양하는 힘들고 고된 일을 하셨다. 그래서 주님은 우리가 얼마나 어렵고 고달프게 먹고살려고 애쓰는지 아셨다.

"먹고살기 위해서 그렇게 애쓰는 자들아, 다 내게로 오라. 내가 너희를 쉬게 하리라." '쉬게'라는 것은 먹고 놀게 하신다는 뜻은 아니다. 성실하면 희망의 날이 주님의 은총으로 온다는 말씀이다. 우리의 노력으로만이 아닌 오직 주님의 도우심으로 말이다.

17.

부르시면, 갑니다

《부르시면, 갑니다》는 류모세 선교사의 책 제목이다. 이분이 특이한 것은 경희대학교 한의과대학을 졸업하고 선교사로 사역한다는 것이다. 그리고 《열린다 성경》 시리즈로 한국교회에 성경에 대한 이해를 높인 분이기도 하다.

이 책에서 이분을 다음과 같이 소개했다.

> 하나님의 첫 번째 부르심에 응답하여 순종한 그 순간, 그때부터 그는 믿음의 사람이 되었다. 캠퍼스 선교단체를 통해 처음 예수님을 만난 그는 시종일관 자기 자신을 부인함으로 순종하는 삶을 살아왔다. 자신은 이해가 되지 않고 이해할 수 없어도 하나님을 경외하므로 자기 일을 구하지 않고 자신의 삶이 아닌 오직 하나님의 부르심을 따라가는 "올인 인생"을 결단했다.

> 세상에서 안락하고 평탄하게 한의사로 살 수도 있었지만 아무도 알아주는 이 없는 복음 전도자의 삶 〈중략〉 하나님의 마음을 품은 이스라엘 선교사 된 정체성을 가진 사명자로서 오늘도 묵묵히 그 길을 가고 있다.

공주사범대학 국문학과에 낙방하고 어쩔 줄 몰라 할 때 목사님께서 신학교에 추천하셔서 얼떨결에 입학했고, 얼떨결에 졸업했다. 어쩌다 전도사로, 목사로 사역한 지 35년이다. 이런 고백을 들으면 괜히 부끄러워지고 초라해지는 기분이다. 사실 단독 목회를 끝내고 부랴부랴 부목사로 자리를 옮겼다.

후임으로 온 분은 신학대학원 졸업한 학생이었다. 당시 단독목회는 필수이기에 오겠다는 분이 여럿 있었다. 그런데 이분이 연락도 없이 찾아왔다. 그리고 목회를 할 수 있도록 도와달라 했다. 처음엔 황당했다. 그런데 알고보니 이분은 행정고시에 합격하고 수원시청에 근무하다가 사명을 받아 신학교에 입학했고, 어디든지 목회를 하겠다는 사명감이 넘쳤다. 지방회 목사님들한테 좋은 소리 못 들어도 이분을 후임으로 소개했다. 나 같으면 그런 자리 그만두고 목회하겠다고 안 했을 것이니까 존경스러웠다. 그래서 후임으로 모셨다.

《내려놓음》의 저자 이용규 선교사를 소개하는 문장이다.

하버드 명예도, 미래의 보장도, 가족의 안전도, 심지어 헌신의 열매까지도 "너는 그저 내려놓으라"는 하나님의 말씀에 겸손히 순종함으로 하나님의 풍성한 인도하심에 따라 '천국 노마드'의 삶을 누리는 몽골의 이용규 선교사!

내 인생의 가장 행복한 결심 《내려놓음》, 내 인생의 가장 소중한 은혜 《더 내려놓음》, 내 인생의 가장 친밀한 동행 《같이 걷기》를 읽었다. '이렇게 한번 1년이라도, 아니 한 달이라도 살아봤으면 얼마나 좋을까?' 하는 생각이 엄습해 오는 순간 눈앞이 캄캄하였다.

'나는 뭐지?' 그래, 이제부터라도 정신 차리고 잘하자. 아직 몇 년 남아 있으니까. 그리고 은퇴한 후에도 잘 믿자. 지금보다 더 잘 믿도록…. 지금보다 더 성실히 목회의 감격을 느끼며, 누리며 해보자. 마음이 가벼워진다. 그래도 지금까지 목회하게 해주신 은총이 사무친다.

18. 세례 요한의 요단 강과 유대 광야

유대인들의 '메시아 사상'은 세례 요한의 등장으로 절정에 달한다. 요한의 메시지도 놀라운 것이었지만 일명 '쿰란 교단'이라 부르는 단체에서의 생활과 훈련은 모두에게 인정받았다. 유대인들은 메시아가 지금 자기들의 시대에 임하기를 간절히 바라고 믿었다. 이런 이유로 인해 세례 요한은 기다렸던 그이기에 충분했다. '광야'에서 살고 '메뚜기와 석청'을 먹으며 '약대 털옷'을 입은 모습에서도 물씬 오실 메시아로 인식되었을 것이다.

의도적으로 이런 모습을 하였을까, 아니면 복음서 저자들이 이런 모습을 원해서였을까? 메시아에 대한 갈망을 서로에게 확인시켜주는 광경임에는 분명하다. 그리고 그의 첫 외침은 예언자로서의 공인이 되게 하기에 마땅했다. 그의 책망과 회개를 요구하는 말씀은 새로운 시대가 시작될 수 있다는 희망과 더불어 '세례'라는 의식을 통해서 파급 효과가 더 커졌다.

세례 의식은 보는 사람들에게도, 세례 받는 당사자에게도 신성한 증표가 되었음은 너무나 당연하다. KJV는 "예수께서 세례를 받으시고 물에서 똑바로 올라오셨다"를 강조하였다. 예수님의 세례는 1세기 방식으로 보면 스스로 요단 강물에서 자신이 물속으로 들어갔다가 똑바른 모습으로 나오는 것이었다고 볼 수 있다. 세례 예식에서 '흐르는 물'이 중요하다. 요단 강은 이런 측면에서 합당한 장소다.

19.

십자가를 지고 나를 따라오라

예수님께서는 어떤 의도로 이 말씀을 하셨고, 제자들은 어떻게 들었을까? 십자가는 유대인들이 가장 혐오하는 박해와 핍박의 상징이다. 죽음의 일이다. 유대인 중에 십자가형을 받고 죽은 이들이 많다. 특히 독립운동을 한 사람들이 그랬다. 얼마나 끔찍하게 죽었는지를 모두가 너무나 잘 알고 있다. 이렇게 잔혹하게 한 이유는 독립운동을 하지 못하게 하기 위해서였다. 그러나 여러 가지 이유로 십자가에 못 박히게 하는 경우도 있었다.

이 말을 들었던 제자들은 얼마나 당혹했을까? 자신들이 잘못 들은 것일 수 있다는 생각을 했을 것이다. 그러나 엄연히 예수님의 의도적인 말씀이었다. 이 말씀을 이해하기 위해서는 '시기', 그리고 '제자들의 헛된 생각'이라는 두 가지를 생각해야 한다.

첫 번째는 '시기'이다. 자신이 십자가를 지셔야 할 날이 점점 다가 오는 시점에서 말씀하셨다. 우리는 예수님의 공생애가 3년이라는 것을 이미 알고 있기에 이 '시기'에 큰 흥미를 갖지 못한다. 그러나 예수님 자신에게 있어서 이 '시기'는 가장 중요한 일이었을 것이다. 두 번째는 제자들의 '천방지축'의 생각과 모습이다. 이때 "'비로소' 자기가 십자가에 달리실 것을 말씀하셨다"라는 표현 속에 비장한 예수님과 이것에 대한 이해가 전혀 없는 제자들의 갈등을 읽을 수 있다.

"높아지려는 자는 섬기는 자가 되어야 한다"는 말씀은 그냥 나온 말씀이 아니라는 것을 안다. 나중에 제자들의 발을 씻기시는 예수님의 행동도 마찬가지다. 미래에 자신들이 갖게 될 영광을 추구하던 이들에게 이런 말씀들은 '백해무익'한 것이었다. 권력욕의 암투가 더 거세지고 있을 때 예수님께서는 극단적인 처방을 하셨다. 여우도 굴이 있지만, 참새도 보금자리가 있지만, 자신은 거처할 곳이 없다고 하면서 자신의 미래를 말씀하셨다. 이들의 잘못된 기대와 생각을 버리게 하기 위한 것이었다.

영광이 아닌 죽을 준비를 하고 따라야 제자가 될 수 있다는 이 충격적인 말씀에 제자들은 어떻게 반응했을까? 우리에게도 말씀하시면 우리는 어떤 반응을 보일까?

20.

영적 지수

지능지수를 신봉하는 시대다. 지능지수에 대한 집착은 부모들에게서 여실히 드러난다. 이 기분은 충분히 이해된다. 아이들 자신도 특정 기관에서 검사한 지능지수를 신뢰하고 자신의 높은 지능지수에 대한 자신감이 대단하다.

높다고 생각되는 자신의 지능지수에 대한 아이들의 생각이 자만심으로 변해버린다면 미래에 창조적 인간이 되지 못할 확률이 높다. 외국의 심리학자는 '한국은 생계형 범죄보다 지식인의 범죄가 높다'고 지적한다. 실제로 고학력 범죄가 더 자주, 더 크게 일어나고 있다.

지금은 영성지수가 높아져야 할 때다. 지능지수는 높고 영성지수가 낮으면 사기꾼들이 많이 만들어진다. 사기꾼들의 형태는 여러 곳에서 여러 모양이라는 것을 생각해 브자. 신흥 부자들의 잘못된 생각이 판을 치고, 성공한 사람들끼리 집단화되면서 사돈 관계를 형성하는 일들이 훨씬 더 많이 생겨 나라의 장래를 어둡게 한다.

'갑질'을 하고 나도 '갑질'을 당하는 순환고리가 되어 개인도 사회도 멍들게 된다. 이런 일들이 사회적 현상으로 나타나는 것은 사회가 심각하게 오염되고 있다는 증거다. 사회적으로 건강해지기 위해서는 정신적·영적 지수가 높아져야 한다.

영적 지수란 우리가 깊게 생각해야 할 정신적 영역이다. 종교적 색채가 아닌 사회구성원으로서의 존재론적인 용어다. 다른 사람과의 관계, 자연과의 관계, 이런 관계성의 확대이다. 결국 영적 지수가 높다는 것은 이런 관계성에 대한 이해가 높다는 말이다. 이런 상태의 사람들에게 중요시되는 것은 배려다. 그리고 이해다.

성인은 못 되더라도 좋은 사람은 되자. 이런 사람들이 모여 촛불이 되는 것이다. 촛불만 켜고 모이는 사람들이 아니다. 촛불은 사람이 사람됨을 비추는 것이다. 고급스러운 사람들, 품격이 높은 사람들, 높은 뜻을 품고 사는 사람들이 많아지는 그날을 기대해본다.

21.

예수님의 명함

"나사렛 1-1번지, 고장 난 모든 것 고침, 저렴한 가격, 24시간 콜." 이런 명함을 가지고 계실까? 예수님은 늘 자신의 명함을 사람에 따라, 지역에 따라, 직업에 따라, 지식에 따라 펼치셨다. '목자', '양의 문', '포도나무', '인자', '생명의 샘물' 등이다.

"나는 포도나무요 너희는 가지니…."

자신과 우리가 어떤 관계인가를 말씀하셨다.

22.

쟁기

농사짓는 필수 도구 중 하나인 쟁기는 어릴 적에 종종 보았던 농기구다. 지금은 사용하지 않지만, 동남아 지역에서는 아직도 볼 수 있다. 농경문화를 바탕으로 쓰인 내용이 많은 복음서는 내게 참 가깝게 느껴지는 성경이다.

제자가 되고 싶어 했던 사람들이 많았나보다. 누가복음 9장 57-62절에 보면 세 사람이 등장한다. 여기에서는 세 번째 사람에 관한 이야기다. "주님, 내가 주님을 따라가겠습니다. 그러나 먼저 집안 식구들에게 작별 인사를 하게 해주십시오." 그러자 예수님은 "누구든지 손에 쟁기를 잡고 뒤를 돌아다보는 사람은 하나님 나라에 합당하지 않다"라고 하셨다.

세 사람 모두에게 가혹하리만큼 엄하게 말씀하신 것은, 그 당시 현인, 스승의 제자가 되려는 자들에게 결단을 요구하는 것이 하나의 통과의례였기 때문이다. 랍비라 불리는 사람들이 상당히 존경을 받았고, 이들을 대접할 때 하늘에 상급을 쌓을 뿐만 아니라 이 땅에서도 많은 복을 받게 된다고 믿었다. 이러한 대우에 랍비가 되는 것은 당연히 인기였을 것이다.

당시의 쟁기는 지금의 쟁기보다는 규모가 작았을 것이나 상당히 비싼 농기구였을 것이다. 그러니 이 비싼 농기구를 잘 활용하지 못하거나 망가뜨리면 안 된다. 대부분 돌밭이었던 당시 상황에서 주의를 기울여야 함은 너무나 당연한 일이다. '쟁기'는 하나님 나라다. 소중히 사용해야 할 나라다.

쟁기는 밭을 적당한 깊이로 파야 하므로 뒤를 돌아다보면 엉망의 밭이 된다. 그리고 일하는 사람이 돌에 걸려 넘어지거나 쟁기가 쓰러지는 일도 있었다. 예수님 당시에 두 사람이 쟁기를 끌거나 나귀가 끌었다. 당연히 최선을 다하여 쟁기를 가지고 밭을 갈아야 한다. 이 사실을 잘 알고 있는 사람들에게, 제자 되는 일은 이처럼 온 마음과 정신을 다하여야 제자 될 첫 번째 관문을 통과할 수 있다고 강조하신 말씀일 것이다.

23.

지붕을 뚫고

중풍병자 친구를 침상에 누인 채로 날라 온 사람들은 집에 가득한 사람들 때문에 도저히 그를 예수님께로 데리고 들어갈 수가 없었다. 결국, 이들은 지붕을 뚫고 친구를 달아 내렸다(마 9:1-8). 당시 대부분의 집 구조는 집 밖에서 지붕 위로 쉽게 올라갈 수 있는 계단이 있었고, 지붕에 구멍을 내는 일도 생각보다 쉬웠을 것이다.

이들에게 지붕은 중요한 공간이다. 다양한 용도로도 사용하였다. 진흙으로 타일 깔듯 만들거나 갈대 같은 것으로 덮고 그 위에 진흙을 이겨 발라 만들었다. '누가'는 기와를 벗기고 사람을 달아 내렸다고 했다. 누가가 시골집에 대한 이해가 부족해서 이렇게 기록했을지도 모른다.

예수님은 중풍병자를 메고 온 이들의 행동을 극찬하셨다. 친구를 고쳐주기 위한 이들의 마음과 정성과 수고에 칭찬을 넘어 축복하셨다. 남의 지붕까지 뜯어낼 정도의 생각과 행동은 예수님의 마음을 충분히 감동하게 했다.

이런 장애물이 있을 때 대부분 사람은 계속해서 기다리거나, 그냥 돌아가거나, 다음 날 다시 오거나, 밖에서 소리치거나, 힘으로 사람들을 밀치거나 했을 것이다. 그러나 이들은 지붕값을 물어주고서라도 예수님 앞에 데려다 놓는 지혜를 발휘했다. 수고는, 봉사는 지붕값을 물어주겠다는 '돈'의 쓰임이 필요하다. 그리고 '지혜', 제일 좋은 선택이 필요하다.

24.

질문의 의도

예수님께 질문한 사람들은 다양하다. 질문의 유형도 다양해서 악의적 질문, 잘난 체하는 질문, 예수님보다 자기가 더 유식하다는 것을 증명하고자 하는 질문, 순수한 질문들도 있다.

> 선생님, 내가 무엇을 해야 영생을 얻겠습니까?(눅 10:25, 새번역)

잘난 체와 더불어 자기의 유식함을 증명하고자 하는 율법사의 질문이다. 여기에다 한 걸음 더 나아가 예수님을 올무에 빠뜨리기 위한 질문이기도 하다.

이 사람의 의도, 사악함을 다 아는 주님께서 물으셨다. "율법은 무엇이라고 기록하고 있고, 너는 어떻게 이해하고 있느냐?" 모범답안을 말할 것을 이미 아신다. 토씨 하나도 안 빠뜨리고 대답할 수 있는 존재였기 때문이다. 율법사는 당황했다. 너무나 쉽게, 싱겁게 대답하셨기 때문이다. 그가 대답하자 예수님이 말씀하셨다. "네 대답이 옳다. 그대로 행하라. 그러면 살 것이다."

재밌는 결투가 벌어졌다. 율법사는 자기는 이만큼 안다는 것을 과시했고, 예수님은 하나님의 말씀대로 사는 것, 행함을 이 사람에게 요구하신 것이다. 율법주의, 형식주의에 빠져 살았던 사람에게 정신 좀 차리라고 하신 말씀이다. 그리고 이웃이 누구냐고 묻는 그에게 '선한 사마리아 사람의 비유'를 말씀하셨다.

이방인의 피가 섞여 사람 취급도 안 하는 사마리아 사람을 자기들보다 더 좋은 믿음이라 하니 얼마나 분했을까? "누가 진정한 이웃이냐?" 사마리아인이라고도 표현하지 않고 다음과 같이 대답한다. "그에게 자비를 베푼 사람입니다." "가서 너도 그와 같이 하여라." 3전 3패 한 율법사를 우리는 보고 있다. 목사인 우리도 늘 3전 3패 한다. 주님의 요구에 말이다.

복음서의 해석은 '그때 거기서'와 '지금 여기서'의 문제를 잘 조화하는 데 있다. 그때 그 사람들의 믿음이 부족했다고만 평가하고 만다면 우리는 제2의 율법사가 되는 것이다. "가이사의 것은 가이사에게, 하나님의 것은 하나님께." 놀랍고 신기한 대답을 하셨다. 어떻게 저들의 악의적 질문에 승리하셨는지? '형사취수 문제'의 질문에도 "하나님 나라를 너희가 잘 몰라서 이렇게 물어보는 것이다"라며 하나님 나라에 대해 한 번 듣지도 못한 말씀을 해주셨다.

"나의 계명을 (가지고) 지키는 자라야 나를 사랑하는 자"(요 14:21a, 개역개정)라고 하셨다.

25. 충격과 몰이해

마가복음 13장 1절을 보면 "예수께서 성전을 떠나가실 때"라고 하여 시간의 중요성과 예고된 다음 일을 연상하게 한다.

> 선생님, 보십시오! 얼마나 굉장한 돌입니까! 얼마나 굉장한 건물들입니까! 예수께서 그에게 말씀하셨다. 너는 이 큰 건물들을 보고 있느냐? 여기에 돌 하나도 돌 위에 남지 않고 다 무너질 것이다.(막 13:1–2, 새번역)

마가복음은 '건물'로 묘사함으로 건물의 규모와 공법에 관심을 기울이고 있다. 마태는 '성전 건물들'이라 하여 성전에 더 강조한다.

> 예수께서 올리브 산에서 성전을 마주 보고 앉아 계실 때에, 베드

로와 야고보와 요한과 안드레가 따로 예수께 물었다. 우리에게 말씀해주십시오.(막 13:3-4, 새번역)

성전 건물들이 다 무너져내리는 시점과 몰이해한 것에 대한 제자들의 궁금증을 독자로 하여금 생각하게 하고 있다.

헤롯이 유대인들의 환심을 얻기 위해 건축한 예루살렘 성전의 규모는 그 당시로서는 처음 보는 광경이었고, 돌들로 쌓은 튼튼함 또한 가히 놀랄 만한 것이었다. 이러한 성전, 건물에 대하여 돌 하나도 돌 위에 남지 않겠다는 말씀을 듣는 제자들의 이해할 수 없다는 표정을 쉽게 상상할 수 있다.

아마 모두가 궁금하였으나 이해하고 싶지 않았을 수 있지만 네 명은 예수님께 기회가 오자 물었다. 예수님은 부드럽게 말씀하시지 왜 그렇게 강하게 말씀하셨을까? 단순히 건물만을 가지고 말씀하시진 않았을 것이다. 자신이 죽은 후 3일 만에 살아나실 것을 말씀하셨다고 복음서에서 해석하고 있으나 그보다도 더 하고 싶은 말씀이 이 속에 담겨 있음은 분명하다.

26.

하늘 한 번 쳐다보고 통곡하고

영국의 사회학자 앤서니 기든스는, 자기 생각은 처음부터 옳다고 여기고 다른 사람의 의문이나 비판을 받아들이지 않는 태도를 원리주의라고 했다. 오만한 원리주의는 모두를 불행하게 만든다. 예의가 법보다 중요하다는 버크의 말과 일맥상통한다. '보수주의'라는 사람들도 한 걸음 더 나가면 원리주의자가 된다. 마찬가지로 진보주의자도 예의가 없으면 원리주의자와 다를 바 없다. 작금의 몇몇 인물들이 그러한 사례이다. 아이러니한 역사의 한 장면을 연출하고 있다.

'웬일이니?', '왜 그러니?', '왜 이러니?' 이런 말들이 바람개비가 되어 돌아다닌다. 나는 김지하의 〈오적〉이 관심사였던 시대에 대학을 다녔다. 구티에레즈의 해방신학 서적이 불온서적으로 낙인 찍혔고, 독재의 표정이 드러나는 서적들을 간신히 사서 밤새 읽었다. 그래도 그때는 전율은 있었다.

원리주의는 집단주의를 만들어간다. 자신의 집단을 보호하고 이익을 공유하기 위해서 온갖 수단을 동원한다. 지식도, 이념도, 민주화의 선봉에 섰던 모습도 다 무용지물로 만든다. 오히려 광기가 충만해지는 특징이 생긴다.

이순신과 원균, 김구 선생과 이완용은 같은 시대에 다른 길을 갔다. 정권욕에 사로잡히면 보이는 것이 없어진다. 집단주의 완장을 차면 동네 이장도 왕이다. 역사는 계속해서 이 두 종류의 사람들을 탄생시킨다. 김부식의 〈삼국사기〉나 일연의 〈삼국유사〉가 같은 시대를 그렇게 다르게 기술하고 있는 이유는 무엇인가?

그렇게 대단한 지식과 요건을 이렇게 마음대로 쓰다니! 촛불로 얻은 민주주의를 어떻게 이토록 무시하고 있는가? 누가 준 것인데. 자기들이 잘해서 받은 모양으로 설쳐대니 어떻게 말려….

이들은 정치적이라서 혹 그렇게 갈 수 있지, 하지만 교회와 목사라도 정신을 차려 나단과 같은, 아모스와 같은 역할을 해주기를 기대했건만 도리어 한술 더 떠 난리다. 그분이 한기총 회장 시절 원리주의를 거쳐 집단주의로, 더 나가서 안하무인(眼下無人)으로 행동하여 한국교회는 100년을 회개해야 하는 민족적 빚을 지게 했다.

자신의 명예 때문에 극단적 선택을 하는 사람이 그래도 좀 양심적이다. 자존심이라도 있으니까. 국회의원 한번 해보겠다고 음흉한 속내를 감추고 나라를 위하여 죽을 수 있다고 호언장담하는 사람도 있고, 완장 한번 차고 싶어 환장한 부류들이 구름떼처럼 모여드는 기이한 공간도 있다.

민주의식이 가수 나훈아, 안치환보다 못한 사람들이 어느 장소에 가득 차고, 고급 정보를 이용하여 국민의 피를 빨아먹는 인물 좋은 사람들이 모여 있는 비즈니스 클럽엔 정의도, 공의도, 하나님도 없다. 다만 그들만의 잔치다. 박정희 시절엔 육사에서 그래도 부족하지만 지도자 교육을 해서, 비록 얼마 안 되지만 좋은 일꾼들이 있었다. 지금은 싸움꾼만 있다.

시어머니가 시킨 시집살이를 나도 모르게 배워 더 심하게 시집살이시킨다는 이야기가 정말 맞다.

제3부

복음서 해석의 설교

1.

거지 나사로와 부자 이야기(눅 16:19-31)

부자는 항상 자색 옷과 고운 베옷을 입고 날마다 즐기며 사치스럽게 살았다. 옷은 그 당시 부의 표현이었다. 지금도 명품 옷은 보통 사람들이 접근하기 어려울 정도로 고가이다. 날마다 즐기며 살았다는 표현은 높은 뜻을 품고 살지 않았다는 것을 강조하는 말이다. 사치스럽게 살았다는 것은 쉽게 많이 벌어 돈을 물 쓰듯 쓰며 사는 모습을 연상케 한다. 자기가 벌어 자기 맘대로 쓰는 것을 성경은 그렇게 좋게 생각하지 않는다. 오히려 죄라고 말하고 있다. 그것은 하나님이 주신 것을 자기의 것으로 착각하여 다 써버리는 죄라고 생각된다.

거지 나사로는 거지 생활이 편해서, 자기가 좋아서 남의 눈 상관하지 않고 그렇게 산 것이 아니라 일할 수 없는 상태였을 것이다. '헌데투성이'라는 용어에서 그는 자기 몸 하나도 관리할 수 없는 상태였음을 알 수 있다. 개들이 와서 핥았다는 것은 그의 몸이 어떤 상태인 것을 새롭게 상기시킨다. 대문 앞에 버려지는 부잣집의 남은 음식을 감사하게 먹으며 만족하는 그 모습은 그가 살아갈 수 있는 유일한 길이었다.

이들 둘 다 죽었다. 그리고 성경은 사후의 세계에 주목하라고 한다. 나사로가 죽어서 아브라함 품에 안겼다는 것은 천국에 갔다는 말이다. 그가 어떤 일을 했기에 천국에 갈 수 있었는가? 불쌍히, 긍휼히 여기시는 하나님의 마음으로, 은총으로 천국에 있는 것이다. "나사로는 온갖 나쁜 것만 다 겪었다. 그래서 지금은 그가 여기서 위로를 받는 것이다"라는 주님의 대답은 우리에게 최고의 위로와 소망이 된다.

예수님의 이 말씀을 들으면서 사람들은 부자가 지옥에서 고통을 당하고 있는 것을 너무나 당연한 결과로 받아들이고 있다. 부자는 지옥의 고통에서 거지 나사로가 천국에 있는 것을 보았다. 얼마나 큰 충격이었을까? "나사로를 보내 그 손가락 끝에 물 한 방울 찍어서 내 혀를 시원하게 해달라"라고 한다. 아직도 그는 나사로가 자기가 마음대로 부려먹어도 되는 사람인 줄 아는 것 같다. 이 땅에서의 습관이 거기에서도 나타났다. 그래서 지옥이다. 분수, 자기의 처지도 모르고 요구하는 것도 지옥에 있는 사람들의 특징이다.

지옥에서는 천국을 볼 수 있고 천국에서는 지옥을 볼 수 없다고 했다. 참 신비하고 공평한 방법이신 것 같다. 지옥에서는 천국을 부러워하게 하고, 천국에서는 지옥을 보면 마음 아파할까 봐 이런 구조가 되게 하신 것 같다. "우리 사이에는 커다란 틈이 있어 여기서 너희 쪽으로 건너가고 싶어도 건너갈 수 없고 거기서도 우리 쪽으로 건너올 수가 없다." 지옥의 맛을 철저히 느껴지게 하는 대목이다.

"그렇다면 제발 부탁이니 나사로를 보내 제 다섯 형제가 이곳으로 오지 않도록 경고하게 해주세요." 일말의 형제애는 있다. 결론이지만 형제애를 말하려는 것이 아니라 전도에 관한 말씀을 하고 계신 것이다. "그들이 모세와 예언자들의 말을 듣지 않으면 비록 죽은 사람들 가운데 누가 살아난다 해도 그들은 믿지 않을 것이다." 거부하는 이유를 말하고 있으면서 부자의 마음이 더욱더 아파지는 곳이 지옥이라는 사실을 느끼게 하고 있다.

모세와 예언자들은 지옥에 관한 말을 해야 한다는 것이 전제된다. 목사와 성도들은 천국과 지옥에 관한 말씀을 전파할 책임 있다는 것으로, '한 영혼이라도 지옥에 오면 네 책임'이라는 막중한 전도 책임을 말하고 있다. 나사로와 부자 이야기는 천국과 지옥에 관한 설명보다는, 전도에 대한 부분을 아주 크게 강조하고 있다.

2.

그토록 기다린 마르다

(요 11:21-30)

어느 목사님이 총신대학교 대학원에 다닐 때 강의실에 걸려 있는 교훈 다섯 가지를 지금도 기억한다고 하였다. "신자가 되라. 학자가 되라. 성자가 되라. 전도자가 되라. 목자가 되라." 이 중에서 신자가 되라는 교훈은 이해가 잘 안 되었다면서, 사명으로 신학교에 들어온 학생들에게는 좀 얼떨떨한 교훈이었다고 했다.

'신자가 되라'는 말은 무엇을 강조한 말일까? '작은 믿음', '큰 믿음', '믿음이 작은 자들아', '이만한 믿음을 만나보지 못했다'라고 극도로 칭찬하셨던 믿음은 어떤 것인가? 삶 속에서 그 믿음이 작동되느냐, 아니냐를 말하는 것이다.

마르다와 예수님의 관계와 대화 속에서 마르다의 믿음의 실상, 민낯을 볼 수 있다. 예수님께서 이 삼남매를 무척이나 사랑하셨고, 이들 역시 참으로 아름답게 지극 정성으로 예수님을 섬겼다는 사실을 우리는 안다. 그런데 나사로가 죽을병에 걸렸고, 이 두 자매는 예수님이 오셔서 치료해 주시기를 간절히 바랐다. 그리고 빨리 오실 줄로 믿고 있었다. 그런데 그토록 기다렸던 이들의 기대와는 다르게 예수님께서 나사로가 죽은 지 나흘이나 지나서 오셨다.

자매는 죽은 오빠를 보면서 어떤 생각을 했을까? 예수님이 이제 오셔도 방법이 없다고 생각했을 것이다. 그러나 반전, 제자들이 예수님께 나사로에 대한 보고를 했다. 금방 죽을 것 같다는 보고에 "이 병은 죽을병이 아니니다. 이것은 하나님의 영광을 위한 것이요, 이 일을 통해 하나님의 아들이 영광을 받게 될 것이다"라고 그들이 듣기에, 그들이 믿기에 전혀 이해할 수 없는 말씀을 하셨다. 그리고 "이 일은 너희들을 믿게 하려는 것"이라고 하셨다. 제자들을 위한 사명의 배려와 훈련을 하신 것이다.

1. 목이 타게 기다리는 이들은 어떤 마음이었을까? 상당히 섭섭한 마음이 들었을 것이다.

그렇게 좋은 관계여서, 어디서든지 모든 일을 제쳐두고 오실 줄 알았는데! 이 실망감과 허전함의 폭풍이 마음의 거센 파도가 되어 덮쳤을 것이다. 우리도 이러한 처지에 놓일 수도 있다. 인생은 늘 그런 것이니까…. 예수님께서 말씀하셨던 내용을 들었더라면, 알았더라면,

아무 걱정도 할 필요가 없고 섭섭함이나 실망감을 느낄 필요도 없었을 텐데…. 우리도 주님이 생각하시고 준비하시고 해결해 주시는 것을 알고 듣고 믿을 수 있으면 얼마나 좋을까?

교회에 열심히 봉사했는데 시련을 만난다. 시련이 없게 해달라는 기도보다는 예수님께 살길을 달라고 기도해야 한다. 그런데 해결의 실마리도 보이지 않을 때, '주님이 정말 이러실 수 있을까? 내가 이토록 주님과 주님의 교회를 위해서 살아왔는데…'라고 실망할 수 있다. 그러나 믿고 기다리면 주님이 찾아오신다. 마르다에게 찾아오셔서 최고의 기쁨의 선물을 주신 것같이….

2. "우리 친구 나사로는 잠이 들었다. 그러나 이제 내가 가서 그를 깨우겠다"라고 하시면서 이유와 목적을 말씀하셨다.

> 내가 거기 있지 않은 것을 기뻐하는 까닭은 너희를 위해서다. 이 일로 인해 너희가 믿게 될 것이다.(요 11:15, 우리말성경)

예수님을 구주로, 그리고 죽음에서 부활이 있음을 알고 믿게 하고 싶으셔서이다. 잠이 들었다는 말은 죽음이란 단어와 상당히 흡사한 구조로 되어 있다. 동일시 개념이다. 그러나 잠은 시간이 지나면 깨어난다. 죽음은 영원히 깨어나지 않는다. 죽었다고 생각할 수밖에 없는 4일이나 지나 썩는 냄새가 나는 나사로를 보고 잠이 들었다고 말씀하시면서 깨운다니, 모두가 어안이 벙벙했을 것이다.

인생은 잠 못 이루는 길고 긴 밤 같다. 밤새 이리저리 뒤척이는 것과 같다. 믿음은 잠 못 이루는 길고 긴 밤 같으나 단잠을 잔다. 하늘의 평안이 있기 때문이다. 그리고 영원한 평안함이 하나님 나라에서 시작되고 맛볼 수 있다.

3. 마르다의 믿음의 고백을 들어보자. "지금이라도 주께서 구하시는 것은 무엇이든지 하나님께서 다 이루어 주실 줄 압니다."

너무나 놀라운 대답을 예수님께서 하신다. "네 오빠가 다시 살아날 것이다." "오빠가 마지막 날 부활 때에 다시 살아나리라는 것은 제가 압니다."

> 나는 부활이요, 생명이니 나를 믿는 사람은 죽어도 살겠고 살아서 나를 믿는 사람은 영원히 죽지 않을 것이다. 네가 이것을 믿느냐?(요 11:25-26, 우리말성경)

긴박하고 숨 막히는 시간과 대화다. "주님, 제가 믿죠. 그러나 오빠가 지금 살아나는 것은 아니잖아요?" 그런데 나사로가 죽음의 옷을 벗고 무덤에서 스스로 걸어 나오는 것을 거기 있는 모든 사람이 보게 하셨다.

사실 나사로만 살아나게 하시는 것은 목적의 다가 아니다. 모두가 부활을 믿게 하고, 그리운 마음으로 기다리게 하는 소망을 주시기 위해서일 것이다. 부활의 예고편인 셈이다. 엘리야도 회리바람 속에서 하늘로 올라갔다. 휴거의 예고편이다. 십자가는 부활의 예고편이다. 예수님의 부활은 그날 있을 우리 부활의 예고편이다.

마르다, 마리아에게 물으셨던 질문, "네가 이것을 믿느냐?" 지금 우리에게도 물으신다.

"아멘, 믿습니다. 믿어지게 하옵소서!"

3.

나귀 새끼를 타시고(마 21:1-11)

복 있는 두 사람은 나귀를 끌고 오라는 주님의 말씀에 순종한 제자와 나귀를 선뜻 내준 나귀 주인이다. 예수님의 사역을 나눠 본다면 1기는 백성들을 위한 기간으로, 말씀을 들려주시고 병을 고치시고 마귀를 쫓아내셨다. 2기는 제자들을 위한 교육·훈련 기간으로, 십자가에 죽으실 자신의 뒤를 이어 복음의 사명을 잘 감당할 수 있도록 하셨다. 3기는 자신의 사명을 이루는 기간으로, 고난과 십자가와 부활의 역사적 현장을 이루셨다.

예루살렘의 입성은 곧 십자가의 죽음의 시작이다. 십자가의 순종을 이루기 위해서 예루살렘에 입성하셨다. 앞으로 어떻게 될 것을 다 알면서도 순종하시는 모습은 "주님은 구원이시다"라고 고백하게 한다. "나를 보내신 아버지의 뜻을 이루러 왔다"고 늘 말씀하셨던 예수님은 말로만이 아니라 실제로 십자가의 길을 묵묵히 가신다.

주님의 마음은 얼마나 고독하셨을까? 육신의 존재이기 때문에, 이 십자가의 사명이 얼마나 힘들고 무거운 것임을 너무나 잘 알고 계시니까 처절한 고독감을 느끼셨을 것이다. 종려주일이라 불리는 예루살렘의 입성은 고난주간의 시작일 것이다. 이것은 각각이 아니라 하나이다. 어린 나귀를 타고 고난받기 위해 입성하시는 예수님의 고독과 만나는 것이 중요하다.

"호산나"를 외치고 종려나무 가지를 흔들며 환호하는 소리를 들으시며, 어떤 생각에 젖으셨을까? 가는 길에 옷을 펴서 레드카펫을 만들어주는 저들을 보면서 너무 다른 생각, 다른 길을 가고 있는 것을 우리는 안다. 그러나 우리도 그들과 별로 다르지 않다.

성경 말씀을 이루려 나귀 새끼를 타신다고 하셨다. 사람들은 좀 이상하다고 생각했을 수도 있다. 다윗 왕의 입성처럼 웅장한 행진이 아닌 초라한 입성이기 때문이다. 그러나 그들은 이것에 신경 쓸 필요를 느끼지 않는다. 이스라엘의 왕이 되어 로마를 몰아내고 멋진 나라를 건설하고자 하는 출정식으로 기대했기 때문이다.

이사야는 53장에서 알려준다.

> 그는 사람들에게 멸시를 당하고 버림을 받았을 뿐 아니라 고통을 겪었고 언제나 병을 앓고 있었다. 사람들이 그를 보고서 얼굴을 가릴 만큼 그는 멸시를 당했으니…사실 그가 짊어진 병은 우리의 병이었

고 그가 짊어진 아픔은 우리의 아픔이었다.(사 53:3-4, 우리말성경)

예수님이 이 땅에 오시기도 수백 년 전에 예언된 일이 지금 벌어지고 있다는 것을 그 누구도 잘 몰랐다. 제자들마저도 왕이 되시는 줄 알고 흥분하여 야단법석이었기 때문이다.

> 우리의 허물이 그를 찔렀고 우리의 악함이 그를 상하게 했다. 그가 책망을 받아서 우리가 평화를 누리고 그가 매를 맞아서 우리의 병이 나은 것이다.…여호와께서는 우리 모두의 죄악을 그에게 지우셨다…그가 병들어 으스러진 것은 여호와께서 원하신 일이었다.(사 53:5-10, 우리말성경)

주님은 이 성경을 아셨고, 저들은 몰랐다.

고난주간에는 사람들이 고난에 동참하기 위한 여러 가지 행동을 한다. 금식하고, 자선을 베풀고, 경건하게 한 주간을 보내려고 애쓴다. 믿음의 한 증거다. 아시시 성당 정원에서 벌어진 프란시스코의 장미 사건은 유명하다. 고난받으신 주님의 고난을 느껴보고자 그는 장미 정원에 뛰어들어 뒹굴었다. 그런데 천사들이 장미의 가시를 다 없애서 프란시스코를 다치지 않게 했다는 것이다. 지금도 이곳에 가면 정말 가시 없는 장미 정원이 있다. 순수하며 믿음의 용기가 아름답다.

우리는 고난주간에 어떻게 나의 믿음을 더 깊게 가져갈까? 이것이 숙제가 되어야 한다. “고난주간에 진정 금식해야 하는 것”이란 무명의 글이 있다.

> 비판을 금식하고 칭찬의 만찬을 즐기자./ 혈기를 금식하고 온유함으로 만찬을 즐기자./ 질투를 금식하고 사랑의 만찬을 즐기자./ 거짓과 위선을 금식하고 진실의 만찬을 즐기자./ 이기심을 금식하고 섬김의 만찬을 즐기자.

우리는 이런 것들을 너무 오랫동안 잊고 살아왔다. 오늘 우리의 신앙생활에서 비인간적인 것과 몰인격적인 것에 대하여 먼저 금식해야 한다.

4.

내가 주는 물(요 7:37-38)

'비'에 대한 감정은 세계가 모두 다르다. 영국에는 "제발 내가 준비한 시가행진 때 비가 오지 않게 해달라"는 말이 있다. 영국은 비가 자주 오기 때문에 비가 그다지 반가운 존재가 아니다.

동남아에서의 '스콜'은 사람도, 식물도, 땅도 다 좋아한다. 살아가게 하는 힘을 준다. 한국에서의 집중호우, 장마철은 유쾌한 시간이 아니다. 그러나 봄비는 농사꾼들에게는 선물이며, 축복이다. 이처럼 각자가 속한 문화에 따라서 같은 비가 서로 다르게 인식되는 상황을 만든다.

이스라엘에 물을 공급하는 비, 이슬, 강, 샘, 시내들은 어떤 의미를 지닐까? 이것은 생명의 원천인 물이 아무런 노력 없이 저절로 얻어진다는 것으로서 하나님의 은혜, 축복으로 여겨졌다.

비를 내려서 살게 하시는 은혜에 대하여 신명기 11장 14절에 "여호와께서 너희의 땅에 이른 비, 늦은 비를 적당한 때에 내리시리니 너희가 곡식과 포도주와 기름을 얻을 것이요"라고 하였고, 요엘 2장 23절을 보면 "그가 너희를 위하여 비를 내리시되 이른 비를 너희에게 적당하게 주시리니…"라고 하였다.

이슬을 내리셔서 하나님의 은혜를 알게 하시는 성경 구절을 찾아보면, 시편 133편 3절에 "헐몬의 이슬이 시온의 산들에 내림 같도다"라고 하였고, 스가랴 8장 12절에는 "땅이 산물을 내며 하늘은 이슬을 내리리니 내가 이 남은 백성으로 이 모든 것을 누리게 하리라"라고 하였다. '이슬 꽃'이란 이슬이 내리고 한데 모으면 한 컵의 물로 생명의 도구가 된다고 알려져 있다.

샘물과 시내를 흐르게 하셔서 하나님의 은혜를 보게 하셨다.

> 그곳은 골짜기든지 산지든지 시내와 분천과 샘이 흐르고(신 8:7, 개역개정).
>
> 그날에…유다 모든 시내가 물을 흐를 것이며 여호와의 성전에서 샘이 흘러나와서 싯딤 골짜기에 대리라(욜 3:18).
>
> 이는 광야에서 물이 솟겠고 사막에서 시내가 흐를 것임이라(사 35:6).

본문은 건기가 시작되는 4월경 유월절 마지막 날에 '이슬의 축복'

을 간구하는 기도문을 올릴 때 예수님께서 목소리 높여 설교하신 말씀이다. 6개월 동안 지속되는 건기의 광야는 이글거리는 태양 아래서 모든 것이 다 타들어간다. 이러한 공포를 아는 사람들에게 '생수의 강' 설교는 놀라운 신비의 말씀으로 들렸을 것이다.

이 설교에서 예수님은 이들이 하늘이 내리는 비를 위하여 무릎을 꿇고 사는 것, 곧 하나님과 친밀해지는 길보다는 웅덩이를 파서 물을 저장하는 것을 신랄하게 책망하셨다고 볼 수 있다. 주전 15세기부터 석회암을 곱게 갈아서 회반죽을 만들어 사용하는 방수 처리 기술이 개발되면서 웅덩이가 많아졌고, 그러면서 웅덩이를 더 크게 만들어 하늘에서 내리는 비보다 이 웅덩이의 물을 더 신뢰하는 현상이 생겼다.

> 내 백성이 두 가지 악을 행하였나니 곧 그들이 생수의 근원 되는 나를 버린 것과 스스로 웅덩이를 판 것인데 그것은 그 물을 가두지 못할 터진 웅덩이들이니라(렘 2:13, 개역개정).

이스라엘과 하나님의 밀당은 늘 이런 일들에서 만들어졌다. 웅덩이는 이처럼 하나님을 의지하지 않는 '잔꾀와 잔머리'의 대명사다. 그 동기가 하나님 없어도 우리는 살 수 있다는 자신감인데, 이것을 그냥 보고만 계시는 하나님이 아니라는 것을 일깨워주는 것이다. '너희가 자랑하는 그 웅덩이를 내가 깨뜨리겠다고 하신다. 하나님은 세미한 지진을 일으키셔서 사람에게는 피해가 커지지 않게 하시고, 단지 웅덩이에 금이 가고 물이 새도록 하셨다. '터진 웅덩이'란 말이 바로 이것을 말하는 것이다.

물이 이들에게 얼마나 소중한가를 탈무드가 잘 말해준다. 광야를 함께 여행하는 두 사람이 있었는데, 물병을 가지고 있는 사람의 병에 금이 가서 물이 새니까 꿀 병을 가진 사람에게 그 꿀 병을 사서 그 병에 옮겨 담았다는 이야기 속에서 물의 소중함을 설명했다.

예수님께서 사마리아 여인에게 다시는 목마르지 않는 영원한 생수를 준다고 하셨을 때, 이 여인이 느꼈을 놀라움과 신비함을 이해할 수 있다. 지금까지 들어본 적도 없는 놀라운 물이 자신에게 생긴다는 기쁨에 얼마나 좋았을까? 얼마나 행복했을까? 사람들 만나기가 창피하여 정오에 물 길으러 오는 것을 이제 하지 않아도 된다는 시원함은 참으로 전율을 일으켰을 것이다.

그런데 사실 예수님과 사마리아 여인의 물은 종류가 서로 달랐다. 예수님이 주신다는 물은 육신을 위한 물이 아닌 영혼을 위한 물이었다.

5.

로또 당첨(마 13:44)

이 짧은 한 절에 하늘나라에 대한 가치와 어떻게 행동해야 하는가를 명확하게 설명하셨다. 이웃 교회의 집사님이 160억에 당첨되었다는 소식을 듣고는 가히 기절할 만한 일로 받아들였다. 누구에게나 올 기회는 과거나 지금이나 같다.

1세기의 팔레스타인에는 땅 속에 숨겨진 보물이 많이 있었다. 요세푸스의 기록에 의하면, 당시는 여러 가지 복잡한 정치적·사회적 상황 때문에 보물을 땅에 감추어두었다는 것이다. 이런 일들은 실제 일어났다. 전쟁에 나갔다가 죽어 돌아오지 못한 사람의 보물이 발견되는 경우도 있었고, 영원히 발견되지 못한 경우도 있을 것이다.

본문에서는 우연히 발견했다고 한다. 어느 날 우연히 구원의 은총을 발견하게 되었다는 말과 연계시켜보면 맛이 좀 난다. '이렇게 우연히 발견한 이 엄청난 보물을 어떻게 나의 것으로 만들 수 있는가?'라는 숙제가 생겼다. 얼마나 흥분되고, 얼마나 놀랐겠는가? 자기에게도 이런 날이 올 줄은 꿈에도 생각하지 못했을 테니 말이다.

이 보화가 누구의 것이냐가 중요한 물음이다. 밭 주인의 것이다. 유성이 밭에 떨어져 있다면 누구의 소유가 되는가? 우리나라에서는 먼저 발견한 사람이다. 나라마다 시대마다 소유의 법칙은 다르다. 이런 문제를 가지고 설명하셨을 때 듣는 이들의 호기심은 최상으로 향하고 있었을 것이다.

예수님께서 "이 사람이 자기 있는 재산을 다 팔아 밭을 샀다"고 했을 때 당연히 환호성이 울렸을 것이다. 모두 침을 꿀꺽 삼켰을 것이다. 최소한 이 농부는 밭 임자에게 알리지 않고 샀다. 비윤리적인 사람인가? 성경은 그렇게 말하지 않는 것 같다. 말할 의무가 없다는 것이 그 당시의 불문율이다.

청중들은 이 사건을 들으면서 이 사람에게 박수를 보냈을 것이다. 그리고 참 운이 좋고 지혜로운 사람이라고 생각했을 것이다. 이 사람의 결단을 위대한 용기라고 했을 것이다. 그 시대의 관점을 이해하는 것이 중요한 행간의 맛이다.

이 사람이 그저 우연히 발견한 보화지만 사람들은 하나님께서 이 사람에게 특별한 복을 주신 것으로 이해한다. 하나님께서 그의 눈을 열어주셔서 밭에 꼭꼭 감추어진 보화를 찾게 하셨다는 점이다.

예수님께서 호기심 어린 말씀만 하시지는 않았을 것이다. 이야기의 의도와 목적이 있었음이 분명하다. “하늘나라는 이와 같으니”로 시작되는 여러 가지 비유 중의 하나이기에 주제는 하늘나라이다. 자신이 누구인가를 알게 하려는 노력의 일환이다. 구원을 얻기 위하여, 구원의 가치를 알게 된다면 밭을 사는 것이다. 보화가 숨겨진 밭은 성경이고, 교회이다.

이곳을 강조하고 있다는 사실을 알 수 있다. 장소가 있어야 보물도 있고, 보물의 가치를 알아야 모든 것을 다 팔아 살 수 있는 결단과 용기가 생기기 때문이다. 모두 ‘그런 밭이 어디에 있을까?’라는 기대감도 그렇고…. 본문은 장소를 중요하게 여기는 행간의 선물이다.

6.

마태와 족보(마 1:17)

족보는 포로로 잡혀간 이후부터, 그리고 사마리아가 외국으로부터 정결함을 잃었다고 인식될 때부터 매우 중요한 정체성의 상징이 되었다. 마태가 시작부터 족보를 열거한 이유도 이것이다. 또한, 메시아가 다윗의 후손으로 올 것이라는 성경의 예언과 이스라엘 전체가 지금 메시아 대망에 대한 열정이 불붙고 있다는 점을 잘 알고 있다는 것을 파악하게 한다.

1. 아브라함의 자손이며 다윗의 자손인 예수 그리스도의 족보입니다.(1절, 우리말성경)

메시아는 다윗만으로도 충분한데 아브라함까지 끌어들인 이유는 무엇일까? 시대에 따라 위대한 인물의 이름이 달라진다는 사실은 역사가 말해준다. 우리나라에서도 정권이 바뀌거나 시대가 요구하는 인물이 있게 된다. 세종대왕, 이순신 등 이런 이름들이 시대와 정권의 필요에 따라 등장한다.

이스라엘에서도 모세가 아브라함이나 다윗보다 존재감이 더 강했던 시대가 있었다. 그러나 지금은 아브라함이 더 중요한 인물이라는 사실을 마태는 족보의 시작에서 우리에게 말해주고 있다.

2. 아브라함은 이삭을 낳고…야곱은 마리아의 남편 요셉을 낳았고 마리아에게서 그리스도라 하는 예수께서 태어나셨습니다.(2-16절)

'낳고'라는 단어가 족보의 정통성을 말하고 있다. 그런데 '요셉에게서 예수가 태어나고'가 아니고 '마리아에게서'를 사용한 데는 분명한 의도가 있다고 볼 수 있다. 마태복음은 최소한 예수님이 돌아가시고 40년 후에 기록되었다고 가정한다면 충분히 마태의 생각을 읽을 수 있다. 족보의 정통성보다 더 중요한 것은 성령의 잉태라는 점이다. 이 일을 강조하기 위하여 마태가 후반절에 족보를 사용했다고 본다. 바로 1장 18절 성령의 잉태에 대한 자세한 설명이 등장하기 때문이다. "성령으로 임신하게", 이 말이 족보의 전부다.

3. 그러므로 아브라함부터 다윗까지가 모두 14대요…모두 14대입니

다.(17절)

왜 14대라는 말을 강조하고 있는가? 성경 연구가들은 모두가 14대씩이 아니라는 것을 지적한다. 그런데도 마태는 왜 이렇게 무리수를 두면서까지 고집했을까? 다윗이라는 히브리어를 숫자로 환산한 데서 나온 것이라는 주장이 있다. 결국 예수는 다윗의 후손임을 강조하려는 숨은 의도가 있다고 추정할 수 있다 메시아임을 강조하면서 약속이 성취된 일이라는 점을 더 말하고 싶었을 것이다.

4. 유다는 다말에게서 베레스와 세라를 낳고…보아스는 룻에게서 오벳을 낳고…다윗은 원래 우리야의 아내였던 여인에게서 솔로몬을 낳고.(3, 5, 6절)

이 여인들의 특징은 이방 여인, 행실이 온전치 못했던 여인, 남의 아내였던 여인 등 모두가 흠 많은 여인들이라는 것이다. 유대인들에게 공감을 얻기 부족한 사람들인데 왜, 어떠한 의도로 등장시켰는가? 마태가 이방인들에 대한 선교적인 사명의 정당성을 옹호하려고 했다는 주장도 있으나 그보다는 예수님의 죄 사함의 은총을 말하려고 했을 것이라는 생각을 해본다.

7.

모래 위에, 반석 위에 세운 집(마 7:24-27)

이스라엘은 면적이 작은 나라지만 기후의 변화와 토지의 다양성은 가히 대단하다. 슬기로운 사람과 어리석은 사람의 구별을 아주 간단명료하게 정의하셨다. '모래 위에 세운 집'에서의 모래는 와디 현상이 나타나는 장소를 말한다. 평상시에는 아주 좋은 집터같이 보이는 장소지만 비가 많이 오면 갑자기 낮은 곳으로 거세게 흘러내려 오는 물로 모든 것이 쓸려가버리는 일이 생기는 장소다.

믿음의 집을 여기에 지으면 안 된다는 것을 상기시킨다. 물이 스며들기보다는 흘러내릴 수밖에 없는 석회암 성분이 가득한 이 땅을, 듣는 모두가 너무나 잘 알고 있기 때문에 금방 이해가 되었을 것이다. 반대로 '반석 위에 세운 집'에서의 반석은 바위산으로 이루어진 장소를 말한다. 그 어떤 것도 이 바위산을 무너뜨릴 수 없음을 설명하고 있다.

'비가 내리고 홍수가 나고 바람이 부는' 최악의 상황을 설정해 놓고 비교하였다. 무너졌다. 그 집의 무너짐이 엄청났다는 것과, 반석 위의 집에도 똑같은 일이 일어났지만 그 집은 무너지지 않았다면서, 이유를 반석 위에 세웠기 때문이라고 하셨다.

이스라엘의 지리를 알면, 기후를 알면 더 성경이 잘 보인다는 말이 바로 이 말이다. 잘 보인다는 말은 더 깊게 느낀다는 말이다. 주님께서 말씀하신 의도를 찾아내는 데 아주 중요한 역할을 하기 때문이다.

사실 마태는 장소, '어디에 집을 짓느냐?'에 관심을 가졌지만 누가는 건축방식에 대해 접근하고 있다. 즉 같은 곳에 집을 지었지만 다른 방식으로 두 집을 대조하고 있다.

듣고 행하는 것, 둘 다 똑같이 중요하다는 교훈이 왜 여기에 등장해야만 하는가? 신앙을 학문으로만 하는 저들을 위한 과외 수업이다.

8.

베드로와 예수님(눅 22:54-62)

1. 그들은 예수를 잡아끌고 대제사장의 집으로 데려갔습니다. 그러나 베드로는 멀찌감치 떨어져 뒤따라갔습니다.(54절, 우리말성경)

대제사장의 집으로 끌려가시는 예수님을 베드로는 보고 있었다. '그러나', 이 접속사가 행간의 묘미이다. '그러나'의 결과는 멀찌감치, 떨어져, 뒤따라갔다는 세 번의 비겁함을 말하고 있다.

2. 사람들이 마당 가운데 불을 지피고 함께 앉아 있는데 베드로도 그들 곁에 앉았습니다.

베드로가 불을 쬐고 앉아 있는 것을 본 한 하녀가 그를 빤히 노려보면서 말했습니다. "이 사람도 예수와 함께 있었습니다."

그러나 베드로는 부인하며 말했습니다. "여자여! 나는 그를 모르

오."(55-57절)

베드로가 불을 지피고 앉아 있는 그들 틈으로 들어가려는 마음과 행동을, 저자는 아픈 마음으로 '베드로도'라고 표현한다.

"하녀가 그를 빤히 노려보면서"라고 했다. 어디서 많이 본 듯한 이 사람, 분명히 베드로는 주의할 인물이었음을 알 수 있는 대목이다. 이 하인이 빤히 노려볼 때 베드로의 마음과 상태가 어떠했을지를 독자에게 알게 하려는 저자의 의도가 있다.

이 사람도 예수와 함께 있었다는 증언에 얼마나 베드로는 화들짝 놀랐겠는가? 놀라고 당황한 그의 대답은 이미 정해져 있었다는 것을 암시하고 있다. "나는 그를 모르오." 베드로는 이 말을 조용하게 했을까? 큰 소리로 했을까? 아니면 연기하는 것처럼 진정으로 말했을까? 이러한 추정은 내용 이해에 상당한 깊이를 더해주는 일을 한다.

3. 조금 있으려니까.(58절)

시간이 얼마간 흐른 후에, 이번에는 다른 어떤 사람이 베드로를 보고 말했습니다. "당신도 그들 중 하나였지?" 베드로가 말했습니다. "이 사람아! 난 아니란 말이오."

조금 있으려는 시간, 이 시간이 얼마나 곤혹스럽고 초조했던가를 말해주는 문장이다. “이 사람아! 난 아니란 말이오”라고 말할 때, 그의 마음에는 찢어지는 아픔이 분명히 동반되었을 것이다. 그러나 입은 그렇게 말하고 있다는 점을 부각하면서 예수님께서 세 번 부인할 것을 말씀하신 것을 조명하고 있다.

4. 한 시간쯤 지나 또 다른 사람이 “이 사람이 갈릴리 사람인 것을 보니 그와 함께 있었던 게 틀림없다”라며 장담했습니다.

그러나 베드로가 말했습니다. “이 사람아! 나는 당신이 대체 무슨 말을 하는지 모르겠소!” 바로 그때 베드로의 말이 채 끝나기도 전에 닭이 울었습니다.(59-60절)

“한 시간쯤 지나”라는 말은 베드로에게 그게 얼마나 긴 시간이었는지를 추정하게 한다. 그에게 한 시간이란 마치 1년처럼 길게 느껴지는 시간이었지도 모른다. “또 다른 사람이”, 같은 사람이 또 말하는 것이 아니고, 그가 누구인지 알아보는 사람이 더 있을 수 있다는 압박감을 불어넣고 있다.

‘틀림없다’고 외쳐대는 사람 앞에서 베드로는 어떤 표정이었으며, 어떤 비애의 마음이었을까? 저자는 장담했다고까지 표현한다. 자기가 본 것도 아닌데 말이다. 얄미운 당신에게 보내는 신호다.

거세게 부인하는 베드로에게 어김없이 예수님의 말씀은 적중되었다. “베드로의 말이 채 끝나기도 전에”라는 문장으로 정확도를 수십 배 높이는 효과를 만들어냈다.

9. 베드로의 집(막 1:29-31)

베드로의 집은 가버나움 회당 근처에 있다고 보는 견해가 많다. 마가복음 1장 29절인 “그들은 회당에서 나와서, 곧바로 야고보와 요한과 함께 시몬과 안드레의 집으로 갔다”(새번역)라는 문장에서 유추할 수 있다.

베드로의 집은 회당 근처에 있었기 때문에 부동산 가치가 큰 곳이었다는 것을 알 수 있고, 베드로는 적어도 가난한 사람은 아니라는 것을 강조할 수 있다. 특히 장모를 모시고 있는 것은 그만큼 경제력이 있다는 것을 반증한다. 베드로가 배와 그물을 버려두고 예수님을 좇아갔다는 말씀에서도, 그 당시 배의 가치를 계산할 때 최소한 중산층 이상은 된다고 보아야 할 것이다.

‘집과 배’를 말하는 이유는, 그가 가난해서 예수님을 따랐던 것이 아니라는 것을 강조하고 싶기 때문이다. 베드로의 아내에 대한 언급은 성경에는 없지만 추정해본다면, 베드로가 예수님을 따른다고 할 때 적극적으로 반대하지 않았던 것이 베드로가 없어도 충분히 살아갈 여력이 있었기 때문은 아니었을까?

10.

부자 청년과 예수님(마 19:16-30)

누가복음과 마가복음에는 "선하신 선생님"으로, 마태복음에는 "선생님"으로 호칭하고 있는 청년 이야기다. 청년은 부자인데 왜 예수님께 왔을까? 단순한 호기심, 그보다는 예수님의 지식의 높이를 검증하려는 생각은 아니었을까? 진정으로 가르침을 받고 싶었을까?

호칭은 그 사람을 어떻게 생각하고 있는가의 기준이다. 주님이 아닌 선생이라는 호칭으로, 청년은 예수님을 율법에 상당한 조예를 가진 사람으로 인식했음을 보여준다. "선생님, 내가 영생을 얻으려면 무슨 선한 일을 해야 합니까?" 선한 일이 무엇인가를 묻는다. 이 청년이 묻는 질문의 범위는, 토라에서 어떤 것이 영생을 얻을 수 있는 것인가이다. 제일 중요한 것이 무엇이냐고 물은 것일지도 모른다.

그런데 대답은 엉뚱했다. 청년의 기대와는 전혀 다른 대답을 하신 것이다. 예상 답안과 전혀 다른 대답과 요구에 난감해하는 그를 볼 수 있다. 이 청년은 이런 것들은 어려서부터 다 지켰다고 말할 때, 그리고 "제가 아직도 부족한 것이 있습니까?" 당돌하게 자신감을 내비칠 때, 이 청년에게 예수님께서는 "아직도 부족한 것이 있다"라고 말씀하셨다. 부족한 것이 없다고 생각하는 이 청년에 대한 예수님의 구원은 바로 이것이었다. "네가 온전하고자 한다면 가서 네 재산을 팔아 그 돈을 가난한 사람들에게 주어라. 그러면 네가 하늘에서 보물을 얻을 것이다."

돈에 대한 자부심으로 살던 그에게 이 주문은 답이 이미 정해져 있었다. "그래, 조금만 팔아 가난한 사람들에게 나누어주면 어떻겠니?" 이런 부드러운 말이 아니라 재산 전부를 팔아 나누어주라고 하니, 못 들은 것으로 하자는 것이다.

청년은 이 말씀을 듣고 슬픔에 잠겨 돌아갔다. 그는 굉장한 부자였기 때문이다. "슬픔에 잠겨"라는 표현은 마태가 바라본 느낌이다. 기분이 나쁜 채로, '참 엉뚱한 말을 하고 있네'의 표현은 부정적이지만, 이 말은 고민하다가 포기한 마음을 느끼게 한다. 결국, 고민하다가 돌아간 이유를 마태는 청년이 굉장한 부자였기 때문이라고 했다.

사람마다 '굉장한 부자'의 모양은 다 다를 것이다. 결국은 포기할 수 없는 것을 포기해야 한다는 말이다. 그러면서 제자들에게 부자가 하늘나라에 들어가기가 얼마나 어려운 일인지를 "낙타가 바늘귀로 들어가는 것이 부자가 하늘나라에 들어가는 것보다 쉽다"라고 하셨다. 이것은 유대인들 사이에서 어떤 일이 불가능하다는 것을 나타낼 때 일반적으로 사용했던 표현이다.

이 말씀에서 부자 청년이 주인공 같지만 실은 제자들이다. 왜냐하면 그들에게도 "우리는 모든 것을 버리고 선생님을 따랐습니다. 그렇다면 우리는 무엇을 얻겠습니까?" 하는 마음이 있었기 때문이다. 베드로만 이런 생각과 마음이었을까? 아니다. 제자들 모두 이런 상태였을 것이다. 마태는 제자들과 이 청년이 무엇이 다른가를 말하고 싶었을 수도 있다.

11.

부활의 현장 여인들과 천사(눅 24:1-9)

1. 그 주의 첫날 이른 새벽에 여인들은 준비한 향품을 가지고 무덤으로 갔다. 그런데 무덤 입구를 막은 돌덩이가 굴려져 있었다.

얼마나 놀라고 당황하고 슬펐을까? 상황을 보니 예수님의 시체에 변고가 생긴 것이 분명했기 때문이다. 역시, 들어가보니 예수님의 시신이 없다.

> 그들이 이 일에 대해 어찌해야 할지 몰라 당황하고 있는데….(눅 24:4, 우리말성경)

2. 빛나는 옷을 입은 두 사람이 갑자기 그들 곁에 서 있는 것이 아닌가? 얼마나 놀랐을까? 분명 예수님이 아닌 것이 확실하고, 처음 대하는 존재였기 때문일 것이다. '너무 무서워 얼굴을 땅에 대고 엎드렸

다'는 것은 이들이 교육을 통해 천사나 하나님의 영광을 뵐 때는 무조건 얼굴을 땅에 대고 엎드려야 한다는 사실을 알고 있었기 때문이다.

> 살아 계신 분을 왜 죽은 사람들 사이에서 찾고 있느냐? 그분은 여기 계시지 않고 살아나셨다! 예수께서 갈릴리에서 너희와 함께 계실 때 하신 말씀을 기억해보라. '인자가 마땅히 죄인의 손에 넘겨져 십자가에 못 박히고 3일째 되는 날에 다시 살아나야 한다'라고 하시지 않았느냐?(눅 24:6-7, 우리말성경)

3. "살아 계신 분", "살아나셨다", "다시 살아나야"와 같이 똑같은 말을 천사가 세 번이나 말한 이유는 무엇일까? 혹, 저자가 여인들의 부활에 대한 믿음이 부족했다는 사실을 강조하려는 것은 아닌가? 이렇게 길게 설명할 필요는 없는 것 같은데, 왜 이렇게까지 설명하고 있는 것일까? 후에 독자인 우리에게 말하려는 의도가 있다.

4. '갈릴리에서 너희와 함께 계실 때 하신 말씀을 건성으로 들었거나 믿고 싶지 않았을 것'이라는 추정을 해볼 수 있다. 십자가에 돌아가시는 것 자체를 안 된다고 했던 제자들이었으니 이들은 더했을 것이다. 십자가와 부활이 클라이맥스인데 이것을 가장 중요하게 여기지 못한 자들에 대한 책망이다. 얼마나 부끄러웠을까? 그러나 한편

으로는 너무 기쁘고 감사하고 정신이 나간 것 같을 정도로 좋았을 것이다. 무덤에서 돌아와 열한 제자와 다른 모든 사람들에게 이 사실을 알렸다는 데에서 그들의 마음이 입증된다.

5. 이 사실을 모두에게 알렸다. 천사가 이 사실을 알리라고 하지 않았다. 다른 복음에서는 알리라고 했다고 했는데, 유독 누가복음에서는 왜 이렇게 기록하고 있을까? 저자는 이들의 자의적인 반응을 극대화하고 있다.

12.

가이사랴 빌립보 지방에서

(마 16:20)

예수님께서 빌립보의 가이사랴에까지 가셨다. 이방인들이 많이 사는 지역이다. 이곳에서 제자들에게 물으셨다. "사람들이 인자를 누구라고 하느냐?" 제자들이 대답했다. 즉시 대답을 했을까, 좀 생각을 하다가 대답을 했을까? 즉시 대답했을 가능성이 크다. 제자들이 신났다. 예수님의 명성이 하늘을 찌르고 있었기 때문이다.

한 제자만 대답했을까? 최소한 두세 사람 이상이었을 것이다. 서로 먼저 대답하고자 했을 것이다. 주님께 눈도장 찍히고 싶은 마음이 간절했던 시기이기 때문이다. 사실 예수님의 질문 의도는 다른 데 있다는 사실을 알 수 있다. "그러면 너희는 나를 누구라고 하느냐?" 이 질문에는 서로가 눈치만 보고 있다가 성질 급한 베드로가 먼저 대답했다. "선생님은 살아 계신 하나님의 아들 그리스도십니다."

예수님은 이곳에 가고 싶으셨던 것일까, 아니면 그 무언가가 굉장히 궁금하셨던 것일까? 이곳은 이스라엘 지역에서 가장 많은 신을 섬기는 지역이었다. 헤롯이 가이사에게 신도시를 선물하면서 이름을 가이사랴라고 했고, 이방 신을 섬기는 규모가 선두를 달렸던 곳이기도 하다.

예수님과 제자들은 사람들이 이방 신들에게 제사하는 모습을 분명 보았을 것이다. 유일신교의 전통을 따르던 이스라엘, 이들의 눈에는 참 기괴했을 것이다. 사실 이 지역에서 복음을 전파했다는 기록은 거의 없다. 단순히 이 사건뿐인 것을 보면 예수님께서는 상당한 목적을 가지고 가신 것이 분명하다.

예수님께서 베드로가 대답하자 빠른 속도로 칭찬과 축복을 하셨다. "너는 복이 있다." "너에게 이것을 알려주신 분은 사람이 아니라 하늘에 계신 나의 아버지시다." 베드로가 이렇게 대답할 수 있는 영적인 깊이가 없다는 사실을 예수님께서 알고 계셨는데, 대답이 놀라웠기 때문이다.

함께 있던 제자들도 놀랐을 것이다. 그리고 부러워했을 것이다. 이 고백의 열매는 그가 로마에서 순교하는 데 있어서 시작점이 되었을 것이다.

13.

삭개오와 예수님(눅 19:1-9)

1. 세리장이고 부자인 그가 왜 예수님이 어떤 분인지 궁금했을까? 잘 보려고 뽕나무 위로 올라가기까지 한 이유는 무엇일까?

2. "삭개오야, 어서 내려오너라! 내가 오늘 네 집에서 묵어야겠다." 이 공간에서의 시간과 감정을 어떻게 느낄 수 있는가? 삭개오가 느꼈던 감정을 조금이라도 공유할 수 있는가?

3. 그는 얼른 내려와 기뻐하면서 예수를 맞이했다. 얼른 내려오는 행동의 모습을 느끼는 것이 행간의 은혜다.

4. 사람들은 이 광경을 보고 모두 수군거렸다. "그가 죄인의 집에 묵으려고 들어갔다." 삭개오는 이 상황을 눈치채지 못했을까? 알고도

그다지 신경 쓰지 않을 정도의 영광이었을까?

5. "주여, 보십시오! 제 소유물의 반을 떼어 가난한 사람들에게 주겠습니다. 누군가를 속여 얻은 것이 있다면 네 배로 갚겠습니다." 예수님께서 "야, 삭개오, 너는 부자니 조금만 가난한 사람들에게 나누어주면 어떻겠니?"라고 말씀하지 않으셨는데도 불구하고 스스로 이런 허락을 얻으려는 그는 어떤 마음이었을까? 행간에서 시간과 감정을 연상해보자. 그토록 짧은 시간이지만 엄청난 변화와 행동의 결단을 만들어냈다.

6. "오늘 구원이 이 집에 이르렀다. 이 사람도 아브라함의 자손이다." 삭개오의 허락의 요청에 이렇게 반응하신 시간과 주님의 목소리의 상태는 어떠했을까? 왜 "삭개오, 네가 오늘 구원받았다. 너도 아브라함의 자손이다" 이렇게 말씀하시지 않고, '네 집'이라고 가족 전체를 말씀하셨을까? 가족 모두가 이 일에 기쁨과 보람을 가진 모습을 예수님께서 보셨기 때문이 아닐까?

14.

생명의 떡이신 주님(요 6:34-51)

'떡'이라는 말은 '빵'이라고도 할 수 있지만 '먹는 것'이라는 뜻이 더 잘 어울린다. 성경에는 먹는 것에 관한 이야기와 중요성이 많이 나타난다. 계시록 22장에서도 생명수 강가에서 함께 먹는 위대한 광경으로 끝나고 있다. 예수님께서 시험받으실 때도 먹는 것으로 시작됨을 볼 때 역시 사람에게 있어서 먹는 문제가 얼마나 중요한지 잘 알 수 있다.

오병이어는 도시락 하나의 분량이다. 이 사건과 교훈은 먹는 것에 대한 분명한 인식을 가져다준다. 5천 명이 먹어야 하는 상황에서 하나님께서는 모두가 먹을 수 있도록 음식을 공급해주셨다. 출애굽기 16장에 하늘에서 비가 내리는 것처럼 만나를 내려주셨다. 우리가 먹고사는 모든 것을 하나님께서 공급하신다는 것, 이것을 믿고 의지하는 것을 믿음이라고 한다.

안드레의 빠른 계산은 예수님께서 공급하시는 은총을 잘 몰랐기 때문이다. 나중에 자기가 한 말과 행동에 얼마나 민망했을까? 주님께서 이 작은 것을 가지고 감사하면서 기뻐하시고 하늘을 우러러 기도하시므로 모두가 먹었다는 사실은 우리 신앙의 길을 만들어주고 있다. 모든 것을 감사로 받아들일 수만 있다면….

우리가 주시는 축복에 대하여 너무 계산만 빠르면 믿음도 작아지고, 축복도 더 멀어진다. 빌립은 합리적인 것을 추구하며 이것이 몸에 배어 있는 것을 발견할 수 있다. 즉각 반응이 일어난다. 신앙에는 비합리적인 것도 있다. 하나님께서는 기적도, 놀라운 일들도 우리에게 주신다. 하나님은 우리의 생각을 뛰어넘어 역사하시는 분이다. 요한일서 3장 20절을 보면 "하나님은 우리 마음보다 크시고 모든 것을 아시기 때문이라"(개역개정)라고 한다.

안드레는 마음이 착한 사람 같다. 도시락 한 개 정도의 것을 가지고 주님께 보고하였다는 것은, 그가 아마도 아이의 정성에 감동하였기 때문일 것이다. 너나 먹으라고 무시해버렸어도 아무런 문제가 되지 않는 상황에서 예수님께 이 정성을 가져왔다는 것은, 그가 착한 성품의 소유자임이 드러난다.

우리가 감사와 기쁨을 누리지 못하는 가장 큰 이유는 더 큰 것을 추구하기 때문이다. 더 큰 축복, 더 큰 연봉, 더 큰 은혜 등 너무 큰 것만을 위해 기도하다보니 작은 것은 시시해져버려 감사할 생각도 안 하게 된다.

1. 예수님이 생명의 떡이라고 말하고 있다.

예수님은 말씀이시기에 말씀을 먹는 것이 예수님을 믿는 것이다. “나는 생명의 떡이다.” 떡이 사람이 먹는 것이듯이 신앙인은 생명의 떡이신 주님을 먹는 것이다. 주님을 먹는다는 것은 생명의 말씀을 먹는다는 말이다. 교회는 예수님의 몸이라고 하였다. 따라서 교회는 예수님의 말씀을 먹는 것이다. 예수님의 말씀을 듣는 것보다 먹는 것을 말한다. 예수님의 말씀을 먹는 것은 영원한 생명을 먹는 것이다.

요한계시록에서 요한에게 두루마리 성경을 보이면서 “갖다 먹으라”고 했다. 그리고 “네 배에는 쓰나 네 입에는 달다”라고 했다. 도대체 무슨 말인가? 여러 가지로 이해할 수 있으나 성경 전체가 우리에게 은혜가 된다는 뜻일 것이다. 우리는 필요에 따라 먹기를 좋아한다. 내가 하기 어려운 행동은 뒤로 미룬다. 대신 내가 좋아하는 말씀은 다 외울 정도로 가까이한다. 은혜가 덜 되는 말씀은 내 것이 아니라고 생각한다. 이러한 영적 상태는 온전하지 못한 것이다. 고린도후서 13장에서 ‘온전하게’라는 말을 자꾸 반복하고 있는 이유를 눈치채야만 한다.

주님의 말씀은 먹기 위해 있는 것이지 분석하기 위해, 일명 말씀을 쪼개기 위해 있는 것이 아니다. 생명이신 말씀이 내 안에 들어와야 한다. 내 삶에 들어와서 나를 주관해야 한다.

2. 떡을 먹고, 떡을 나누고, 떡이 되고

주님이 생명을 주시기 위해서 택하신 방법은 자신의 몸을 주시는 일이었다. 십자가에서 우리에게 주셨다. 어느 목사님은 "예수님은 우리의 생명의 밥"이라고 표현했다. 빵을 만들기 위해서는 밀이 빻아지고 쪄져야 하듯이 사람에게 생명을 먹이기 위해서 하신 일이 바로 십자가의 일이라고 했다. 생명의 밥으르 이 땅에 오셨다는 말을 이렇게 설명한 것이다.

우리가 예수님의 생명을 가진 자로 예수님의 생명을 먹을 뿐만 아니라, 우리 자신이 예수님의 생명을 가진 자로 세상에 생명을 주면서 살라는 것이다. 이 세상 사람들을 향하여 생명의 떡이 되라는 이 명령에 우리 모두 순종하는 삶을 살아가자.

15.

선한 사마리아인(눅 10:30-37)

선한 사마리아인의 비유는 해석의 방법과 다양성이 가장 많은 비유이다. 특히 알레고리적 해석에서는 단연 으뜸이다. "가서 이처럼 행하라"라는 말씀에 초점을 두는 것이 일반적 요구다. 그리고 세 종류의 사람을 설명하면서 현대인에게 있어서의 세 종류의 사람을 대입시키는 경우가 많다.

선한 사마리아 사람이 살려주는 사랑을 강조하는 것이 맞다. 그러나 이 비유에서 강도 만난 사람이 죽는다는 현실적 사실에 주목해 볼 필요가 있다.

기원전 721년 아시리아의 침략으로 북이스라엘이 패망하고 이들의 통치를 받으면서 혼혈정책이 시행되었다. 혼혈 정책은 이들이 반란을 일으키지 못하게 하는 하나의 식민 정책이었다.

이로 인하여 사마리아인들에 대한 혈통의 순수성이 문제가 되어 유대인들의 멸시가 시작되었고, 예수님 당시에는 길에서 마주치면 돌아가거나 마주쳐서 지나간 후에는 땅에 침을 뱉기도 하였다. 이 정도의 살벌한 상황을 전제하여 비유하셨다는 것은 파격적, 혁명적이라고 할 수 있다.

예수님께서도 강도 만난 사람이 걸어갔던 길을 잘 알고 계시고 청중 또한 잘 아는 것은, 이 길이 악명 높은 길, 강도들이 빈번히 나타나서 돈을 빼앗아가고 사람의 생명까지 해치는 일이 일어났기 때문이다. 당시에 일어난 사실을 무대로 삼아 말씀하셨다. 현실성과 실감도가 충분한 것이다. 이 험한 길에는 가파른 내리막길도, 좁고 위험한 길도, 사막도 있었다.

그는 옷이 벗겨진 채로 죽어가고 있었다는 점이 중요 이슈다. 그가 유대인일 가능성이 100퍼센트이다. 그리고 가장 관심 가져야 할 것은 이 사람은 지금 사막에 누워 있다는 점이다. 살릴 수 있는 시간과 기회의 절박성을 강조한다. 그런데드 두 사람은 그냥 지나갔다는 사실에서 청중들의 반응을 유도하고 있다. 절대로 그럴 수 없다는 감정을 끌어내고 있다.

청중들 사이에서 “이제 누가 빨리 와서 도와주어야 살 수 있는데…”라는 혼잣말들이 뒤섞이는 시간을 상상해보자. 그런데 실망스럽고 또 실망스러운 사람이 등장했다. 사마리아 사람이다. 청중들은 이 기막힌 등장에 분명 강도 만난 사람은 죽었다고 생각했을 것이다. 원수같이 여기는 저들이 돕거나 살려줄 리가 없다는 것이 분명하기 때문이다. 그런데 놀랍고 놀라운 반전이 벌어졌다. 사마리아인은 자기가 그냥 가면 이 사람은 분명 죽는다는 사실을 알았다. 탈수와 뜨거운 햇볕은 이미 이 사람을 사경으로 몰아갔기 때문이다. 이러한 긴박한 상황, 살려야 한다는 호소를 자연스럽게 유도함으로써 비유의 완성도를 높이고 있음을 알 수 있다.

사람들은 숨을 죽이고 어떻게 진행되는지 궁금해했을 것이고, 이 사마리아 사람이 살렸다는 사실에 입을 다물지 못했을 것이다. "이런 상황이 너희들에게도 온다면 어떻게 하겠느냐?" 물으시면서 이렇게 해야 하늘나라의 사람이라고 하셨다.

16.

성전 청결 사건(마 21:12-13; 요 2:13-22)

예수님께서 성전 안에서 행동하신 일을 '성전 청결 사건'이라 했다. 요한복음은 마태복음보다 더 자세히 기록하고 있으며, 공생애 초기의 일로 말하는 것은 다븐히 요한의 숨은 의도가 있어 보인다.

성전 뜰에서 팔고사고 하는 사람들을 다 내쫓고, 돈을 바꾸어주는 사람들의 상과 비둘기를 파는 사람들의 의자를 둘러엎으셨다는 것이 가능한 일인가? 경비병들도 있었을 것이고 관리하는 사람들도 있었을 터인데, 이들은 보고만 있었을까? "무슨 권세로 이런 일을 하느냐?"고 따졌던 일들을 상기해본다면 이 사건은 정말 엄청난 일임이 분명하기 때문이다. 성전을 모독한다는 죄도 있지만, 이들의 이익이 훼손되는 상황에서 손놓고 구경만 할 존재들이 아니다. 그런데 이들의 저항하는 모습이 없다. 마태와 요한의 관심은 오직 이 혁명적인 일에만 주목하고 있다. 이 일로 인해 앞으로 전개될 일들이 금방 추측할 수 있는 범위에 있다는 것은 우리도 알 수 있다.

예수님 자신이 성전세 자체에 대해 반대하신 것은 아니다. 지나친 수수료와 그들의 악함에 분개하신 것이다. 또한 환전은 참으로 편리한 것이다. 그러나 하나님을 장사의 도구, 이익의 도구로 삼고 있는 그들을 보고는 앞뒤 가리지 않고 하셨던 의로운 행동이었다. 가르치시는 것에서 행동하시는 예수님을 보면서 요한은 더 깊게 감명을 받았기에 공생애 초기의 사건으로 다룬 것이 아닌가 한다.

요한은 "내 아버지의 집을 장사하는 집으로 만들지 말라"라고 기록하였고, 마태는 "내 집은 기도하는 집이라 불릴 것이다. 그런데 너희는 이 성전을 '강도의 소굴'로 만드는구나"라고 기록하고 있다. 두 사람의 관점이 약간씩 다르다. 똑같은 사건을 바라보고 해석하는 것이 다른 것은 각자 자신들의 의도를 말하기 때문이다. 요한은 제자들이 "주님의 집을 생각하는 열정이 나를 삼킬 것이다" 하고 기록한 성경 말씀을 기억하였다고 했다.

이 행동은 분노에서가 아니라 이미 정해진 주님의 일, 주님의 길이라는 사실을 그때는 몰랐지만, 지금은 알게 되었다는 말이다. 지금에서야 알게 된 이 놀라운 이해는 제자들의 믿음을 더 크게 만드는 역할을 했다는 사실을 간접적으로 말하고 있다.

17.

세 가지 시험과 예수님(마 4:1-11)

마가복음 1장 12-13절, 누가복음 4장 1-13절에도 기록되어 있는 예수님의 시험에 대한 사건과 승리는 마태에게는 아주 중요한 포인트였다. 마가는 매우 간단히 언급하고 있고, 누가는 자세히 설명하고 있으나 마태처럼 꼼꼼하지는 못하다.

마태는 이 사건을 왜 이토록 중요하게 생각하였을까? 사탄에게 유혹 또는 시험을 받은 다음에 승리한 사람이 하나님께 쓰임을 받게 된다는 인식이 유대인들에게 있다는 사실을 마태는 너무나 잘 알고 있었다. 유대인들을 위한 성경인 마태복음으로서는 너무나 당연한 일인 것이다.

예수님께서도 자신만이 알고 있었던 이 사실을 왜 제자들이 알도록 하셨을까? 믿게 하기 위해서이다. 마태도 사람들로 하여금 예수님을 믿게 하기 위해서였다. 사탄을 이길 수 있는 비결을 가르쳐주신 것이 아니라 자신을 믿게 하기 위하여, 마태는 사람들이 예수님을 믿게 하기 위해서였다. 그리고 "잠깐 예수님으로부터 사탄은 떠나 있었다"라는 말로 십자가상에서의 유혹을 예고하고 있다.

마태는 이 시험이 성령의 역사였음을 강조한다. 그리고 이 세 가지 시험은 사람으로서는 이길 수 없으며, 오직 하나님의 아들이신 예수님께서만 이기실 수 있다는 점을 말하고 있고, 그것은 예수님이 그리스도임을 하나님께서 보내신 분이라는 것을 분명히 하고자 한 것이다.

시험받으실 때 "(성경에) 기록되었으며"(개역개정)라는 말씀에서 보여주듯 세 번 모두 성경을 인용하여 이기셨다고 했다. 마태는 '성경대로'라는 말도 사용한다. 마태의 전통적인 의식 속에 구약의 예언과 언약들이 지금 진행되고 있다는 사실을 보고 자연스럽게 이 용어가 만들어졌음을 알 수 있다. 분명 이런 일들을 통해 예수님이 하나님의 아들이시라는 것을 느끼면서 흥분했을 것이다. 다른 제자들이 느끼지 못한 메시아를, 다른 사람들이 누리지 못하는 그리스도의 비밀을 마태는 잔뜩 머금고 있었을 것이다.

18.

슬기 있는 사람들(마 24:32-36)

'성경대로'란 말이 자주 등장한다. 중요한 말이기 때문이며, 동시에 약속이 분명 이루어졌거나 이루어진다는 것을 강조하는 것이다. 지금까지 이뤄진 사실은 탄생, 죽음, 부활이다. 그리고 앞으로 일어날 사건은 재림이다. 재림에 관한 비유와 교훈은 생각보다 복음서에 많이 등장한다.

무화과나무의 비유와 맷돌 가는 두 여인 비유의 공통점은 깨어 있으라는 것이다. "어느 날에 너희 주가 임할는지 알지 못함이라." 마태복음 24장에서도 "그날과 그 시는 아버지밖에 모른다"라고 하심으로 재림 날짜를 잘못 사용하는 것에 관해 경고하고 주의를 주셨다.

열 처녀의 비유는 '열'이라는 당시의 숫자 개념을 알고 이해해야 한다. 의인 열 명이 없어서 멸망한 소돔과 고모라 사건은 열 명이라는 최소의 숫자를 각인시켰다. 회당이 건축되고 예배드릴 수 있는 최소 숫자 열, 이런 숫자 개념이 열 명의, 슬기로운 여자들과 미련한 여자들로 나누어진 것이다.

이들은 신부를 돕는 사람들로 들러리다. 주인공은 신부인데 신부에 대한 언급은 없다. 신부는 듣는 청중이라는 사실을 모두가 알게 한다. 이들의 역할은 결혼에 지장이 없도록 잘 돕는 데 있다. 그중에서도 첫 번째 시작이, 신랑이 올 때 열렬히 환호하는 것이다. 신랑과 따라온 사람들이 놀랄 정도로 준비하고 환대한다는 것을 보여주는 중요한 일이다.

왜 이들의 차이점을 말하고 있는가? 앞으로 이런 일이 분명 생기기 때문이다. 주님 오실 때, 믿는 사람들에게 생기게 될 미래 사건을 설명하시면서 진정한 날을 제대로 감당하라는 요구이다.

1. 올리브 기름과 횃불을 준비한다.

저녁 6시부터 기다리기 시작하는데 가까운 곳에서 오는지, 먼 곳에서 오는지 그 시간을 가늠한다. 그러나 다 맞출 수는 없다. 늘 변수가 생기기 때문이다. 일찍 혹은 늦게 오는 일들이 다반사였다. 그러나 늦어도 신랑은 반드시 온다. '그날과 그 시가 중요한 점이 아니라 분명 온다는 것을 믿고 준비하는 것이 믿음'이라고 한다.

2. 많은 양의 기름을 준비해야 하고, 계속 기름이 적시는 수고를 해야 한다. 횃불에 20분마다 기름을 적셔야 불을 켤 수 있다.

미련한 자들은 기름의 양에 문제가 있었다. 기름 준비는 너무나 중요한 일인데도 적당히 준비하는 실수를 범했다. 왜냐하면 대부분 그 정도 준비하면 되었기 때문이다. 그런데 신랑이 밤늦게, 생각보다 너무 늦게 왔다.

우리 주님도 생각보다 너무 늦게 오실 수 있다는 점을 생각하게 한다. 그리고 20분마다 기름을 적셔야 한다는 것은 많은 수고를 암시한다. 주님의 그날을 맞이하기 위한, 많은 반복적 수고의 교훈을 준다.

3. '피곤하여'라는 표현은 마치 우리 이야기 같다.

'삶에 피곤하여', 주님은 얼마나 피곤하셨을까? 그래도 그분은 겟세마네 동산에서 기도하셨다.

4. '올리브 기름을 짜는 곳'이라는 점을 중요시하고 있다.

장소도 중요하지만, 겟세마네는 올리브 기름을 짜내는 곳이다. 나의 기름을 짜야 한다. 지금 나의 기름은 무엇인가? 기도인가, 순종인가, 선교인가?

19.

아낌없는 구제(고후 8:1-15)

마케도니아 교회가 넉넉한 마음으로
시련과 극심한 가난에도 힘이 닿는 대로
자원하여 그리고 구제하는 특권에
동참케 해달라고 간절히 원했던 일이
가장 복되고 아름다운 구제였다.

기대 이상으로 주님이 원하신 대로
이런 교회들이 된 것은
주님께서 우리를 위하여 가난하게 되셨기 때문이다.
그분의 가난으로 우리를 부요케 하셔서 그렇다.

이런 구제는

평형을 이루고자 하시는 주님의 요구이며

이렇게 하여 평형이 이루어지는 것이

아낌없는 구제이기에 성경대로 사는 것이다.

20.

엠마오 제자와 예수님(눅 24:35)

1. 바로 그날(부활하신 주님을 만나는 날), 두 사람이 예루살렘에서 약 60스타디온 남짓 떨어져 있는 엠마오로 가고 있었다. 분명 주님으로부터 부활에 관한 말씀을 들었을 터인데, 왜? "그들은 일어난 이 모든 일을 서로 이야기하고 있었다." '모든 일' 속에 부활에 관한 이야기도 있었는가? 있었다. 22-23절을 보면 이들이 예수님께 설명하고 있는 것이 기록되어 있다.

2. 이들은 이런 사실을 알면서도 왜 엠마오로 가는 것일까? 부활을 믿지 못했던 것이다. 여인들이 예수님을 너무 사모하다 보니 헛것을 보았다는 판단이 이들의 견해였을 것이다. 그러니 이제 자신들도 아쉽지만 할 일을 찾아가는 중이었을 것이다. 그런데 왜 예수님이 이들에게 나타나셨을까? 전혀 알아볼 수 없는 모습으로 이들과 함께

걸어가셨다고 했다.

3. 이들은 자신들의 생전에 예수님을 한 번도 보지 못했었는가? 아니면 변장 때문인가? 아니면 부활을 전혀 믿지 못하니까 못 알아보는 것일까? 마지막이 답인 듯하다. "그들은 눈이 가려져서 예수를 알아보지 못하였다"라고 일침을 놓고 있다.

4. "예루살렘에 있으면서 최근 일어난 일을 혼자만 모르신단 말씀입니까?" 엄청나게 화나면서도 설명해줄 필요성을 찾는다. 아니, 예수님이 먼저 물으셨다. "무슨 일이오?" 제자들은 전혀 정보가 없는 사람인 줄 알고 자세히 설명한다. '누가'는 이러한 모습을 좋아했던 모양이다. 다른 복음에서는 중요하게 여기지 않았던 이 일을 길게, 이들을 흥분시키면서까지 쓰고 있기 때문이다.

5. "어리석고 예언자들이 말한 모든 것을 마음에 더디게 믿는 사람들이여! 그리스도께서는 마땅히 이런 고난을 겪고서 자기 영광에 들어가야 할 것이 아니냐?" 그리고 "자세히 설명해주셨다"고 했다. 그런데 이들이 믿지를 않는 것을 '누가'는 자기 감정을 섞어 '더디 믿는 사람들'이라고 언급하였다.

6. 그들이 엠마오에 다다르자 예수님은 더 가시려 했다고 한다. 그런데 이들이 "한사코 말렸다.", '저녁이 다 되었으니 어두워서 더 갈 수 없다는 것과 밤길이 다른 지역보다 여기는 위험하다는 것'을 설명했을 것이다. 저자는 예수님이 여기에 머물러 계셔서 해결하시고자 하는 생각을 이미 알고 있었다. 그제야 눈이 열려 예수님을 알아보았다. 언제인가? 그들과 함께 상에 기대어 앉아 빵을 들고 감사기도를 드리신 후에 떼어 그들에게 나누어주셨을 때라고 했다. 왜 이제야, 왜 빵을 받았을 때인가?

7. 예수께서 그들의 눈앞에서 사라지셨다. "그들이 서로 물었습니다." 이 행간에서의 감정과 확신을 예고하고 있다.

21.

예수님을 따르겠다는 사람

(눅 9:57-60)

유대인들은 장례를 다른 나라들보다 중요하게 여겼다. 한 사람이 말했다. "나는 선생님이 가시는 곳이면 어디든지 따라가겠습니다." 이런 고백을 하기까지 이 사람이 얼마나 은혜 받고 큰 결심을 하였는지를 알 수 있다.

"여우도 굴이 있고 하늘을 나는 새도 보금자리가 있으나 인자는 머리 둘 곳이 없다." 예수님은 이 말씀을 하면서 이 사람의 표정을 보셨을 것이다. 또한 이 말씀을 들은 이 사람의 생각도 주님은 간파하고 계셨다. 몇 마디 대화와 행동으로 그 사람의 거의 전부를 알 수 있다고 해도 과언이 아니다. 주님은 이미 이 사람이 말하는 것과 행동을 보셨기에 이렇게 점잖게 말씀하신 것이다. 자신의 출세에, 자신의 이익에 따라 움직이는 사람으로 보신 것이다.

그런데 이번에는 다른 사람에게 말씀하셨다. "나를 따라오너라."

갑작스런 명령에 좋긴 좋은데 문제가 생겼다. 아버지의 장례다. "주님, 내가 먼저 가서 아버지의 장례를 치르도록 허락하여주십시오." 당연히 그렇게 하라고 하실 줄 알았다가 기대에 반하는 예수님의 대답을 들었다. "죽은 사람들을 장사하는 일은 죽은 사람들에게 맡겨두고 너는 가서 하나님 나라를 전파하라." 분위기를 짐작하게 한다.

또 다른 사람은 "먼저 집안 식구들에게 작별 인사를 하게 해주십시오." 이 사람도 잠깐이면 되니까 당연히 허락해주실 줄 알았을 것이다. 그런데 예수님께서 정색하고는 "누구든지 손에 쟁기를 잡고 뒤를 돌아보는 사람은 하나님 나라에 합당하지 않다"라고 하셨다. 어떤 반응이 나타났을까?

이 말씀을 이들에게만 하신 것 같지 않다. 지금 함께 말씀을 듣고 있는 제자들에게까지 하신 말씀이 분명하다. 주님을 따르는 일은 시급성을 필요로 하기에 이 말씀을 하셨을까? 주님의 일은 어떤 경우에도 결코 뒤로 미루어서는 안 된다는 점을 강조하려 하셨는가?

이들은 집에 가면 분명히 다시 이곳에 못 올 사람들이라는 사실을 알고 계셨다. 장례는 상속 문제도 있고, 집에 가면 생계 문제로 인한 고민으로 결심이 흩어진다는 사실과 이들이 이런 문제를 감당할 존재가 되지 못한다는 것을 다 알고 하셨던 말씀이다. 이스라엘의 밭은 돌이 많아 쟁기를 가는 사람은 앞을 잘 보아야 했다. 그렇지 않으면 땅에 깊이 박혀 있는 돌로 인해 쟁기가 망가지거나 사람이 넘어질 수 있다. 그러므로 쟁기를 잡고 일하는 사람은 뒤를 돌아다보아서는 안 된다는, 누구나 다 알고 있는 상식을 가지고 말씀하셨다.

제자들은 화들짝 놀랐을 것이다. '우리를 두고 하신 말씀이구나.' 10장 1절을 보면, 이 일이 있고 난 뒤에 다른 70명을 세우셨다고 하였다. 이 기록을 자세히 살펴보면 제자들을 향한 경고, 또는 각오를 준비하도록 하신 것임을 알 수 있다.

22. 예수님의 유머 현장(눅 14:15-24)

예수님의 얼굴이 그려진 것을 성화라 한다. 성화를 보면 대부분이 근엄한 얼굴, 고독이 드리워진 얼굴, 그리고 유럽형 얼굴이다. 요즘은 한국적 얼굴로 그려진 성화, 베두인의 모습으로 그려진 성화들이 있다. 예수님의 얼굴을 보고 싶은 것이 주원인인 것 같다. 불행인지 다행인지 예수님의 초상화가 없다. 아마 초상화가 있었다면 전쟁을 불사하고 차지하려고 야단이었을 것이다.

예수님의 목소리는 어땠을까? 묵직한 베이스, 아니면 카랑카랑한 높은 톤? 상냥하셨을까? 여러 추측을 할 수 있다. 목소리는 그 사람의 의사 표시가 담겨 있기에 예수님의 음성은 상황과 사람에 따라 조금씩 달랐을 것이다.

바리새인들과 사두개인들을 향한 질책과 분노의 목소리, 성전에서 장사하는 사람과 돈을 바꿔주는 사람들을 향한 목소리는 그 크기와 강력함이 상상할 수 없을 정도였을 것이다. 겟세마네 동산에서의 기도 소리는 처절했다고 했으니, 대략 이런 분위기의 목소리로 우리 기억 속에 들어 있다. 예수님은 웃으셨을까? 유머가 있으셨을까? 궁금할 때가 있다. 복음서에서는 거의 찾아내기 힘들기 때문이다.

요한복음 2장 가나의 결혼식에서 무뚝뚝하게 계시진 않았을 것이다. 축하객으로서 환한 얼굴에 친절한 말씨로 인사를 나누셨을 것이다. 그리고 사람들과 함께 웃으셨을 것이다. 이런 모습은 아마 생각보다 많았을 것이다. 수가 성의 사마리아 여인과의 대화에서도 부드러우면서도 간절한 모습으로 생명수를 설명하셨을 것이다.

예수님의 대중을 향한 설교나 교훈은 조용하고 명쾌하며 유머러스한 색채를 지녔다. 제자들과 개인적인 대화에도 분명 함께 웃을 수 있는 모습이 있었을 것이다. 예수님이 모두가 잘 알아들을 수 있도록 비유로 전달하신 것을 보면, 마음과 마음이 통하고 서로 신나는 광경을 연상할 수 있다.

유머가 섞여 청중들이 웃는 광경은 대표적으로 '왕이 마련한 잔치' 이야기와 '1만 달란트 빚 진 자의 태도'에서 발견된다.

먼저 마태복음 18장 21절에서 베드로가 예수님께 용서에 대해 질문을 했다. "형제가 제게 죄를 지으면 몇 번이나 용서해야 합니까?" "내가 너희에게 말한다. 일흔 번뿐만 아니라 일흔 번씩 일곱 번이라도 용서해야 한다." 일곱 번 용서한다는 것은 당시에 최고의 용서의 숫자였음을 알 수 있다. 숫자보다 더 중요한 정신을 설명하시기 위해 이 비유를 하셨다.

주인이 종들과 계산하는 그날에 1만 달란트 빚진 자가 있었다. 이 표현은 과장이다. 이 금액은 그들에게는 상상할 수 없는 액수였다(15만 년 벌어서 갚아야 할 돈). 때문에 빚을 갚을 수 없다는 것은 모두 다 안다. '어쩌다 저렇게 평생 갚아도 못 갚을 액수를 빌렸을까?' '정신 나갔네' 등 많은 걱정과 비난의 생각을 유도하셨다. 그리고 빚 갚는 당시의 방법을 제시하신다. 자신과 아내와 자녀와 전 재산을 팔아 갚도록 했다고 하셨다. 너무나 당연한 해결방안이지만 청중들은 그 사람을 미워했을 것이다. '아내와 자식이 무슨 죄로 팔려가냐? 재산 다 팔아봐야 얼마 되지도 않는데….'

이때, 정말 황당한 해결방안을 들고 나왔다. "조금만 참아주시면 모두 갚아드리겠습니다." 이 대목에서 서로들 얼마나 웃었겠는가? "저 사람 미친 거 아냐?" 그런데 주인이 그를 불쌍히 여겨 놓아주고 빚을 없애주었다고 하셨다. 그 후의 과정은 다 알고 있는 내용이니 생략한다. 이 비유의 결론은 "만일 너희가 진심으로 자기 형제를 용서하지 않으면 하늘에 계신 내 아버지께서도 너희에게 이같이 하실 것이다." '이같이'는 주인이 화가 나서 그 종을 감옥관리들에게 넘겨주고 빚진 것을 다 갚을 때까지 감옥에 가두게 했다는 것을 말한다.

본문에서 왕이 잔치를 열고 사람들을 초청했다. 식사와 잔치에 초대되는 것은 자신의 신분에 상당한 영향을 주는 행사이다. 왕이 초청했다는 것은 대단한 영광임을 모두 다 알고 있다. 청중들은 평생을 살아도 이런 초청은 받지 못한다는 사실도 알고 있었다. 그만큼 감사하고 황송한 초청이다. 그런데 이 영광스러운 잔치에 참석하지 않고 핑계를 댄다니 우스꽝스럽기보다는 너무 엉뚱하다고 생각했는데, 정말 황당한 핑계 내용을 예수님이 그들 앞에서 말씀하셨다.

밭을 사서 새로 산 밭을 둘러보러 나가야 하므로 갈 수 없다는 핑계는 핑계 자체가 말도 안 되기 때문에 모두 박장대소했다. 새로 땅을 사는 것은 큰돈을 지급해야 하므로 심사숙고하고 땅을 둘러보고 또 확인했을 텐데, 이런 핑계를 댄 사실에 모두 웃는 모습 속에 진정한 의도의 말씀이 있었다는 것을 우리는 알고 있다.

소를 산 사람도 소를 시험해보아야 하므로 참석할 수 없다고 했다. 농사짓는 사람이라면 당연히 소를 시험해보고 여러 각도로 검사를 했을 것이므로 소를 산 후에 소를 잘 샀는지 알아본다고 하는 것은 핑계를 위한 핑계라는 사실을 청중은 잘 알고 있다.

막 장가를 들어서 갈 수 없다는 것도 당시의 결혼 풍습에 전혀 어울리지 않는 핑계다. 이런 핑계들에 청중은 웃을 수밖에 없었다. 이런 이야기를 하시면서도 자신은 웃지 않는 예수님의 표정은 정말 익살스러운 표현이다. 이 비유에 나오는 사람들 모두 그럴듯한 이유를 대지 못한다. 누가 들어도 그들이 핑계를 대고 있다는 것을 알 수 있게 하려고 이렇게 말씀하신 것이다.

왕의 잔치에 이렇게 바리새인, 사두개인, 서기관, 율법학자들이, 그리고 평범한 사람까지 핑계 대는 현실을 고발하는 것이다. 구원의 잔치에 핑계 대는 저들의 모습과 지금 예수님의 말씀을 듣고 박장대소하고 있는 이들의 모습을 비교하셨다. 함께 왕의 잔치를 지금 맛보고 있는 현장이다.

23.

울고 싶은 마음(눅 23:27-28)

이남이란 가수가 "울고 싶어라"라는 노래를 불렀다. 노래는 늘 그 시대를 반영하고 사람들의 마음과 생각을 대변하는 기능이 있다. "울고 싶어라. 이 마음. 사람은 가고, 친구도 가고, 모두 다 간다. 떠나보면 알 거야."

어느 분이 이 가사를 개사한 것을 보았다. "울고 싶어라. 내 믿음, 구원도 가고, 상급도 가고, 모두가 틀렸네. 죽어보면 알 거야." 소름끼치는 바꿈이다.

오늘 본문에서 이와 유사한 모습이 벌어진다. 시몬이라는 구레네 사람을 붙들어서 예수님 대신 십자가를 지게 하여 골고다로 가고 있었다. 백성들과 여자들이 예수님을 따라가고 있었는데 여자들이 가슴을 치며 통곡했다. 예수님이 여자들을 돌아다보시고 "나를 두고 울지 말고, 너희와 너희 자녀를 두고 울어라"라고 하셨다.

예수님을 사랑하고 십자가를 지시는 주님이 너무 불쌍해 흐르는 눈물, 대성통곡하는 인간미 흐르는 저들에게 이토록 차가운 말씀을 하신 이유는 무엇일까? 정 떼시고 그런 것은 아닐 것이다.

1. 십자가를 이해하지 못했기 때문이다.

그토록 십자가를 말씀하셨는데 이해하려고도, 믿으려고도 하지 않는 저들의 영적 상태에 예수님은 마음이 아프셨다. 이 땅에 오신 목적이, 하늘의 평안을 말하고 병든 자를 고쳐주고 오병이어의 기적을 보여주기 위한 것만이 아니고, 오직 사람들의 죄를 대신 지고 십자가에 죽으시기 위해 오신 것임을 알지 못하는 이들이 얼마나 안타까우셨을까? 아마 울고 싶은 마음이셨을 것이다.

2. 십자가, 즉 구원을 알지도 체험하지 못한 너희 자신의 상태에 대하여 울어야 한다는 진심 어린 말씀이다.

책망이 아닌 통곡하는 마음으로 말씀하신 것이다. '나는 나의 길을 걷는다'는 것이다. 생명을 위한 이 길을 걷고 있는데, 너희도 이 생명의 길을 걸어야 한다는 말씀이다.

많은 사람이 이 여자들처럼 교회는 다니는데 구원이신 예수님을 체험하지 못했다는 생각도 할 수 있다. 예수님의 말씀을 들을 때는 참 좋았고 그분께 속한 것 같기에 행복했을 것이다. 우리도 교회도 좋고, 목사님도 좋고, 성도들도 좋고, 그래서 교회 오는 것이, 신앙하는 것만 행복하게 느낀다면 이 여자들과 다를 바 없게 된다.

3. 너만 문제가 아니라 네 자녀의 문제는 더 심각하다는 말씀이다.

'나를 직접 보고 말씀을 듣고 기적도 본 너희들도 구원을 모르는데 하물며 영적 제삼자인 너희 자녀들은 구원에 대한 관심이 하나도 없을 수 있고, 작은 믿음이 있다 할지라도 환난과 핍박이 곧 시작될 터인데 무슨 능력으로 감당할 것이냐'고 정말 심각하게 말씀하셨다.

4. 십자가의 길을 계속 걸어가면서 이들에 대해 어떤 생각을 하셨을까?

요한복음 17장을 보면 주님의 마음이 백번 이해되고 알게 된다.

> 나는 이제 더 세상에 있지 않으나, 그들은 세상에 있습니다. 나는 아버지께로 갑니다. 거룩하신 아버지, 아버지께서 내게 주신 아버

지의 이름으로 그들을 지켜주셔서, 우리가 하나인 것같이, 그들도 하나가 되게 하여주십시오. 내가 그들과 함께 지내는 동안은, 아버지께서…그들을 지키고 보호하였습니다.…내가 아버지께 비는 것은, 그들을 세상에서 데려가시는 것이 아니라, 악한 자에게서 그들을 지켜주시는 것입니다.(요 17:11-15, 새번역)

이 기도는 지금도 하고 계신다. 우리를 위하여….

우리는 내 연약한 믿음 때문에 울고 싶은 마음이 있어야 한다. 내 가족의 구원의 문제에 통곡할 마음이 있어야 한다. 우리 교회의 모든 성도의 영적 승리를 위해 울고 싶은 생각과 태도가 만들어지는 것이 우리에게 복이다.

우리는 내 부족한 믿음 때문에 울어야 한다. 나 자신을 향한 연민 때문이 아니라 선한 청지기가 못 된 것 때문에 통곡해야 한다. 우리는 우리 가족들의 구원과 축복을 위한 영적 의무를 다하지 못한 것에 대하여 우는 것을 넘어, 아픔을 넘어 이 사실에 패배하지 않도록 새로워져야 한다. 능력을 얻어야 한다. 지금 이 시간에….

24.

율법과 율법주의

(마 23:13, 23, 25-29)

예수님과 성경에 관한 논쟁을 제일 많이 한 사람들은 바리새인들이다. 특히 안식일 문제는 제일 뜨거운 논쟁거리였다. 물론 율법 자체에 관해서는 크게 다르지 않았기 때문에 별 무리가 없었다. 그러나 율법의 적용에 있어서는 바리새인들과 엄청난 차이가 있었음을 알 수 있다.

율법의 본래 뜻과 정신에 대한 해석 문제로 예수님은 바리새인들고 논쟁을 하신 것이다.

가령, 하나님이 세상을 창조하시고 마지막 날에 안식하셨다는 부분을 성경에서 찾아볼 수 있다. 그러면서 사람에게 안식을 명하셨는데, 그렇다면 이 사건이 주는 의미는 무엇인가? 사람이 안식을 해야만 하는 이유는 무엇일까? 바로 사람을 위해서 안식하라고 명하셨다. 하나님은 사람이 안식과 쉼을 통해서 충전을 하게 되고, 이를 통해서 더욱 활력 있는 삶을 살아갈 수 있도록 하신 것이다.

이것이 하나님께서 안식일을 거룩히 지키라는 율법을 주신 분명한 이유이다. 사람을 위해서 안식일을 주시고 명하셨는데, 사람들은 그 의미와 뜻은 전혀 생각하지 않게 되었다. 특히 율법을 잘 지키는 경건한 사람들인 바리새인들은, 무슨 일이 있어도 안식일은 지켜져야 하고, 어떤 희생이 따른다 하더라도 지켜내야 하는 것으로 받아들이기 시작하여, 안식일은 사람을 옭매는 수단으로 전락하게 되었다. 이것이 율법주의이다.

마가복음 2장 27-28절에는 "또 이르시되 안식일이 사람을 위하여 있는 것이요 사람이 안식일을 위하여 있는 것이 아니니 이러므로 인자는 안식일에도 주인이니라"(개역개정)고 기록되어 있다.

율법주의에 빠져 있던 바리새인들, 예수님은 그들과 충돌하셨다. 그것은 해석, 적용에 관한 문제였다. 율법의 본래 뜻과 정신에 대한 해석 문제로 논쟁하신 것이다. 율법과 율법주의는 다르다. 이는 모두 바리새인만 생각나는데, 둘의 차이를 잘 모르는 경우가 있다.

25.

율법의 완성(마 5:17-18)

마태복음 5장부터를 산상수훈이라 한다. 5장 1-16절에서, 예수님의 말씀이 시작되었다. 그러다 17-18절에 갑자기 다음과 같이 말씀하셨다.

> 내가 율법이나 예언자들의 말을 폐하러 온 줄로 생각하지 말아라. 폐하러 온 것이 아니라, 완성하러 왔다.(새번역)

왜 갑자기 이런 말씀을 하셨을까? 계속해서 말씀하셔도 아까운 시간인데 말이다.

듣고 있는 자들의 생각을 아신 것 같다. 기존의 교훈을 넘어, "저들(유명한 랍비 학파)은 이렇게 가르쳤으나 나는 이렇게 말한다"는 식의 가르침은 이들을 당황하게 했을 수 있다. 아직도 저들에 비해서는 무명인데, 그 가르침보다 자기가 우위에 있다는 식의 가르침에 저항의 기분을 느끼셨을 것 같다.

이러하기에 예수님은 "폐하려는 것이 아니다. 완성하는 것이다"라고 설득하고 계신다. 완성한다는 말은 '채우다, 충족시키다'라는 의미가 있다. 예수님께서는 율법과 선지들이 가르치는 뜻(의도, 목적)을 완전히 드러내기 위해서라는 것이다.

바울도 처음에는 모든 것을 율법의 관점에서 이해하였다. 율법 중심의 인생관, 세계관, 종교관을 가지고 있었다. 그래서 예수님이 그리스도이신 것을 이해도 인정도 못 하고 도리어 박해자가 된 것이다. 그러나 부활하신 주님을 만난 이후에는 그의 사고체계가 바뀌었다. 율법 중심에서 그리스도 중심으로, 바울의 삶과 신앙에 중심을 이루게 된 것을 우리는 안다.

26.

율법학자를 위하여

(눅 10:25-37)

예수님의 말씀을 듣고 있던 사람들 속에서 한 사람이 악의적 의도를 가지고 예수님께 질문을 던졌다. 자신만만한 그의 태도는 앞으로 벌어질 토론에서 자신이 100퍼센트 이긴다는 확신으로 가득 차 있었다.

마치 박포 장기로 손님을 끌어들여 단 한 번으로 돈을 잃게 하는 것 같은 수법을 사용하려고 했다. "선생님, 제가 무엇을 해야 영생을 얻을 수 있습니까?" 당연히 자기가 예상한 말을 할 것이라고 예측하여 설계한 질문에 너무나 당황한 역질문이 전개되었다. "율법에 무엇이라고 기록되어 있느냐? 너는 그것을 어떻게 읽느냐?"

이 질문과 토론의 현장에 있는 사람들에게는 재밌는 구경거리가 되었다. 과연 누가 승리할 것인가? 한 사람은 바보가 될 텐데 이것처럼 재밌는 일은 최근에는 없었기 때문에 더 신나고, 자신이 지지하는 사람이 이기라는 응원에 열기가 뜨거웠을 것이다.

율법사의 간결하고도 완벽한 대답을 했다. "네 맘을 다하고 목숨을 다하고 힘을 다하고 뜻을 다하여서 주 너희 하나님을 사랑하고 또한 네 이웃을 너 자신같이 사랑하라 하였습니다." 예수님의 전반부 대답은 "네 대답이 옳도다"라는 것이었다. '아니, 한 방에 끝났네. 뭐야 이건….' 모두 숨죽이며 싱겁게 끝난 대결을 아쉬워할 때, 예수님의 후반부 대답은 엄청난 충격을 주었다. 단 한마디로 상대방을 비틀비틀하게 했다.

"이를 행하라, 그러면 살리라." 그가 지금 이렇게 하고 있지 못하다는 사실을 대부분 알고 있기에 1라운드는 그렇게 예수님의 판정승이었다.

율법학자는 자기 명예를 회복시키고자 하는 강렬한 말투로 다시 질문했다. "그러면 누가 제 이웃입니까?" 한번 설명해 보라는 것이다. 당신의 설명 후에는 내 지식을 전부 동원한 반격을 맛보게 될 거라는 야비한 태도를 예수님뿐 아니라 청중 모두 느꼈을 것이다.

27.

의리와 사랑(요 11:1-43)

한 편의 대서사시, 한 편의 대하드라마 같은 사건이다. 죽은 나사로를 살리는 일이기에 자신의 부활에 대한 예고와 우리들의 부활에 관한 확인이라고 말하고 싶다.

"그들로 아버지께서 나를 보내신 것을 믿게 하려는 것입니다."

"주님, 죽은 지가 나흘이나 되어서 벌써 냄새가 납니다." 왜 좀 더 일찍 오셔서 살려주시지 않았는가? 모두가 완전히 죽었다는 사실에 동의하길 원하시지 않았을까? 이 정도로 부패한 시체도 살아난다는, 하나님만이 하실 수 있는 사건이 되게 하기 위해서였을 것이다.

그러면 이곳에 간 계절은 언제쯤일까? 중요한 일은 아니지만 기쁨을 얻기 위해 추정해본다. 예수님께서는 예루살렘에 올라오셨다. 그런데 예수님을 죽이려는 시도가 있자 다시 요단 강 건너 베다니로 내려갔다가 나사로가 아프다는 소식을 들었다. 그리고 나사로를 살리신 이후에 유대 광야에서 가까운 에브라임으로 피해 가신 다음 얼마 후에 유월절을 지키러 예루살렘에 올라가셨다. 이 일정들을 통해 나사로를 살리신 때는 겨울이었을 것으로 추정할 수 있다. 이곳 겨울에는 비가 자주 내리고 기온도 내려간다.

나사로를 살리기 위해서 예루살렘행을 선택하셨을 가능성이 크다는 점에서 그에 대한 사랑이 얼마나 크셨는지를 알 수 있다. 예루살렘행은 어떤 봉변과 죽음까지도 염두에 두어야 할 일정이었음에도 이런 선택을 하신 것은 나사로에 대한 의리를 넘어 그토록 사랑하셨기 때문이다.

28.

좋은 땅 만들기(마 13:1-17)

나라마다 농사짓는 방법과 규모가 다르다. 밀을 주식으로 하는 지역과 쌀을 주식으로 하는 지역이 있다. 한국은 벼농사를 1년에 한 번만 하지만 베트남은 2, 3모작을 한다. 처음 베트남을 방문했을 때 참 신기했다. 이 논에서는 모를 심고, 저 논에서는 벼를 베는 풍경이 아름답기도 하고 고단해 보이기도 했다.

수확의 조건은 씨앗과 땅과 기후이다. 기후는 바람, 햇빛, 비를 포함한다. 성경은 30배, 60배, 100배의 수확을 당연한 것으로 말하고 있다. 대부분 사람은 100배의 수확은 불가능한 것으로 생각한다. 그런데도 예수님은 100배의 수확을 약속하셨다.

씨앗은 말씀이다. 땅은 우리이다. 기후는 하나님의 은혜다.

그리고 네 종류의 밭이 있다.

1. 첫째 밭은 길가의 밭으로, 밭과 밭 사이의 길이다.

농사짓는 사람이 잘 다닐 수 있도록 만들어 놓은 통로다. 씨를 뿌릴 때 이곳에 뿌려지는 경우가 있다. 씨앗이 뿌리를 내릴 수 있는 상태의 땅이 아니다. 결국, 새들이 와서 다 주워 먹는다. 말씀을 들으나 즉시 빼앗기는 사람을 가리킨다. 말씀을 교양으로, 철학적 사고로 이해하는 사람들이다.

2. 두 번째 밭은 돌밭이다.

작은 돌이 많이 있는 땅이다. 씨앗이 뿌리를 내리는 데 크게 방해되거나 죽게 하는 돌밭이다. 이스라엘에는 이런 땅이 많다. 돌을 주워내야 한다. 적당히 주워내서는 안 된다. 다 주워내서 좋은 땅으로 만들어야 한다.

3. 세 번째 땅은 돌은 없으나 가시덤불이 가득한 땅이다.

가시덤불은 싹이 나고 자랄 때 방해물로서 충분한 햇빛을 막고, 영양분을 빼앗아 먹는다.

4. 네 번째 땅은 테라로사의 땅으로, 석회암이 부서져 만들어진 흙이라서, 수분 흡수를 잘하고 수분을 오래 간직할 수 있는 좋은 땅이다.

여러 종류의 땅에 대해서 이들은 너무나 잘 알고 있다. 주님은 이런 땅들의 요건 속에 사람을 대입시키셨다. '너는 어떤 땅인가?'를 알게 하시고, 좋은 땅 만들기를 알게 하셨다. 말씀을 즉시 빼앗기는 사람, 잠깐 믿다가 말씀을 배반하는 사람, 말씀을 들으나 열매를 맺지 못하는 사람, 말씀의 열매를 맺되 30, 60, 100배까지 맺는 사람을 땅의 종류로 설명하셨다.

'천천히 배우고 금방 잊어버리는 사람', '천천히 배우고 천천히 잊어버리는 사람', '속히 배우고 금방 잊어버리는 사람', '속히 배우고 잘 잊어버리지 않는 사람'으로, 배운 것을 오래 간직하는 것의 중요성을 말하는 사람도 있다.

좋은 땅이란 바르고 착한 마음으로 말씀을 듣고서 그것을 굳게 간직하여 열매를 맺는 사람을 말한다. 현명한 믿음을 갖기 위해, 좋은 땅을 만들기 위해 노력해야 한다.

> 지금은 너희가 주를 찾을 때이다. 묵은 땅을 갈아엎어라. 나 주가 너희에게 가서 정의를 비처럼 내려주겠다.(호 10:12, 새번역)

호세아 시대의 좋은 땅은 정의로운 사람이었다. 지금 나에게 좋은 땅 만들기는 비전인가, 은혜인가, 회개인가, 순종인가 깊게 생각해보자.

이 비유의 제목을 관점에 따라 다르게 생각할 수 있다. '결실의 비유', '좋은 땅 만들기', '듣는 사람의 비유', 나의 관점은 어디를 향하고 있는가?

과수나무 이야기에서도 3년 동안이나 열매 맺지 못한 나무를 주인이 베라고, 땅만 버린다고 역정을 낼 때 과원지기는 1년만 더 기다려달라고 간절히 요청했고, 허락받은 그는 땅을 두루 파고 거름을 주어 주인이 기뻐할 정도의 열매를 수확했다.

29.

참된 구제(마 6:1-4)

유대인들의 영적 쇄신 기간이라 불리는 대속죄일로 이어지는 신년 축제에서 가장 중요하게 여기는 주제는 역시, '회개'이다. 이들은 죄 용서함을 받고 새롭게 시작하기 위하여 구제에 힘쓴다.

유대인들이 중요시하는 행동은 구제, 금식, 기도이다. 이 중에서도 구제는 1번이다. 이방인이었던 고넬료가 유대인들에게 칭찬받았던 것은 바로 구제의 사람이었기 때문이다. 구제는 이웃과 바른 관계를 만드는 것, 기도는 하나님과의 관계, 금식은 자기 자신과 바른 관계를 만들려는 일이기에 구제가 가장 큰 덕목이 된다.

이러한 덕목이자 칭찬의 대명사이기에 사람들은 자신의 구제의 행동을 남들에게 보이기를 좋아하게 되었다. 그 칭찬의 기쁨을 누리고자 했다. 하늘나라의 상급보다는 지금 칭찬받는 것이 더 좋았다. 이러한 영적 모습 속에서 예수님은 "남에게 보이려고 사람들 앞에서

하지 않도록 조심하라"고 하신다. 그리고 그 이유를 분명히 밝히시는데 "하늘에 계신 너희 아버지에게서 상을 받지 못한다"고 하셨다.

이 말씀에 이들은 은혜를 받았을까? 분위기가 싹 바뀌었을 것이다. 자기들이 자부심으로 해왔던 것을 칭찬 대신 그렇게 하면 안 된다는 말을 들었으니 그 상황은 짐작이 간다. 2절부터 더 자세히 예를 들어 설명하시는 것을 보아도 금방 눈치챌 수 있다. "네가 자선을 베풀 때에는" 꼭 이렇게 해야 한다고 하는 부탁이신 것이다.

문제는 장소다. 회당과 거리에서 상습적으로 구제가 행해지는 모습이 상상된다. 오죽하면 주님이 바리새인의 기도와 세리의 기도를 말씀하셨을까? 바로 그 모습이다. 그리고 그 속에 있는 교만이다. 이런 자선은 이미 상을 받았다는 것이다. 칭찬받는 것으로 상계가 되었다는 하늘나라 계산법인 것이다.

예수님은 하늘의 방법을 제시하신다. 자선을 베풀 때는 "오른손이 하는 일을 왼손이 모르게 하라"라고 하셨다. 이것이 될 수 있는 일인가? 모두 수군거렸을 것이다. "말도 안 되는 요구다"라고 했을 것 같다. 비유와 교훈 중에 이렇듯 상당한 과장법이 많은 것은 그 당시의 말의 흐름, 생각의 흐름이었기 때문이다.

"네 자선 행위를 숨겨두어라." 숨겨두는 비밀과 기쁨, 그리고 하나님 나라에 대한 상급의 소망을 누리라는 것이다. "남모르게 숨어서 보시는 네 아버지께서 너에게 갚아주실 것이다." '남모르게' 나는 다른 사람들에게 보이기를 좋아하는 것에 대한 반대 입장이다. 그분은 숨어서 보시기 때문에 어떤 선한 일을 해도 다 아시므로 사람들이 칭찬하는 것에 연연해하지 말라는 것이다.

'갚아주신다'는 말은 이 땅에서도, 하나님 나라에서도 통용되는 개념인데 30배, 60배, 100배의 원리와 같은 계산의 결과다. 사람들의 눈이 심각하게 변했을 것이다. 표정도, 마음도, 생각도 더 분위기를 싸하게 만드시는 말씀이 5절부터 계속되는 것을 보면 이들의 심각한 영적 도전을 느낄 수 있다.

30.

탕자 이야기(눅 15:1-32)

누가복음 15장은 잃어버린 것과 잃어버린 것을 다시 찾는 이야기가 세 편이나 있다. 그 이유의 배경이 14장 25-35절 말씀이다. 대상은 세리들과 바리새파 사람들 율법학자들이다. 이들이 잃어버린 자들이고, 이 잃어버린 자를 찾고 싶어 하는 분은 예수님이시다.

누가복음 15장은 관점에 따라 제목을 정할 수 있는데, 보통 '탕자의 비유'라고 하지만 '두 탕자의 비유', '아버지의 마음'으로 강조점을 다르게 표현할 수 있다. 이 비유는 정말 여러 가지의 제목으로 설교할 수 있는 풍부한 비유이다. 그러나 이스라엘의 문화와 의식구조로 이해하면 더 좋은 해석을 할 수 있게 된다.

둘째를 탕자라고 말하는 이유는 아버지께 유산을 달라고 한 데 있다. 우리에게는 이것이 그다지 문제가 되지 않는다. 그러나 이스라엘에서는 아버지가 죽기 전에 이렇게 한다는 것은 불효 중의 불효이다. 이런 불효자이지만 아버지의 마음으로 유산을 주고 그 아들을 기다리는 아버지의 모습을, 이들에게 들으라고 대놓고 말씀하셨다. '탕자는 지금 너희들이고, 그 아버지는 자신'이라는 것이다.

사랑하는 자식이기에 아버지에 대한 모독도 감내하는 이 표현은 정말 멋진 비유임에 틀림없다. 우리도 강압적으로 하지 않고 또 참고 또 참으시는 사랑을 받고 있다. '먼 나라'로 갔다는 것은 관계의 단절을 강하게 느끼게 해준다. 깨어진 관계, 회복될 수 없는 너무나 분명한 상태를 말하면서, (모두 다 그렇게 생각하는 것) 그럼에도 불구하고 다시 관계가 시작되기를 간절히 바라는 아버지를 말하고 있다.

탕자가 흉년을 만나고 돼지가 먹는 쥐엄열매를 먹고 있다는 이야기를 들으면서 당연하다고 생각했던 그들, 자신이 이 둘째 아들이라는 것도 모른 채 계속해서 귀를 기울이고 있는 모습을 상상해 보면 우스꽝스럽다. 유대인에게 있어 흉년은 징벌의 상징이고, 돼지는 이방인의 속성이며, 쥐엄열매 또한 가장 비천한, 버림받은 존재의 대명사이기에 듣는 이들의 귀에 금방 확연히 들려왔을 것이다.

이들의 음식문화는 대단히 엄격하다. 우리에게는 추상적이지만 그들은 실생활이기에 더 피부에 닿았을 것이다. 예수님은 정말 비유의 천재이셨다. "제정신이 들어서"(새번역)라는 기자의 표현은 새로운 전환점을 이루게 되는 강력한 신호의 말이다. 절망의 구덩이에서 새로운 삶이 펼쳐지는 시작점을 미리 알려주는 말이다.

"그가 아직도 먼 거리에 있는데…달려가"(20절), 여기서 '달려가'라는 단어는 최고의 압축된 사랑이다. 이 당시의 아버지는 이렇게 달려가는 법이 없었기 때문이다. 그리고 위아래가 통으로 연결된 옷을 입었기 때문에 뛰어가기가 불편하고 넘어질 수도 있다는 사실이 더욱 문장을 빛나게 하였다. 아버지가 바로 하나님의 마음, 하나님의 모습이라는 것을 실감나게 설명하셨다.

2부에서는 큰아들, 또 하나의 탕자인 큰아들 이야기를 하시는데, 실은 이들을 염두에 두고 하신 말씀인 것을 우리는 다 안다. 그러나 피상적인 것에서 실제적인 공감을 얻어야 하는 것이 행간의 문화가 추구하는 일이다. 유대인들은 형으로서 동생의 가출을 적극적으로 말리지 않았다는 것을 좋지 않게 여기고 있다는 사실이다. 또 하나는 동생이 돌아온 것을 좋아하지 않았다는 점이다. 자기에게 빌붙어서 살 것 같다는 이유로 상황의 전개를 달가워하고 있지 않았다는 점에서 형도 동생과 다를 바가 없이 아버지의 마음을 아프게 한 존재라는 것이다.

또 하나 형의 잘못된 생각은, 아들로서가 아니라 일한 대가를 받기 위한 일, 그리고 흥분해서 '시키는 대로 다 했다'는 반항적인 태도를 보인 점을 강력하게 비판하는 감정으로 듣고 있었을 것이다. 형은 잔치에 참여하지 않는, 그럴 수 없는 행동과 아버지가 달래도 변하지 않는 형에 대한 괘씸죄가 들끓고 있는 분위기를 직감할 수 있다.

듣고 있다가 자기들에게 하신 말씀인 줄 알고 어떤 반응을 보였을까? 성경은 침묵하고 있다. 설명하지 않아도 다 알 수 있는 사실이었기 때문일 것이다.

31.

혼인잔치의 비유(마 22:1-14)

혼인잔치의 비유를 통해서 천국을 설명하셨다. 이 비유는 예수님께서 십자가에 달려 돌아가시기 바로 전에 하신 말씀이라는 시간적 상황을 염두에 두어야 한다. 혼인잔치에 대한 지식이 있어야 이 비유가 더 가슴 깊이 스며든다.

결혼잔치의 중요한 특징 가운데 하나는, 주인이 사람을 초청할 때 두 번 확인하는데 첫 번째 초청은 참석 여부를, 두 번째는 오지 않아도 음식은 준비된다는 것을 알리는 것이다. 어떤 이유라도 참석하지 않으면 안 된다는 상식을 요구한다. 더군다나 일반인도 아닌 왕의 잔치에 참석하지 않는다는 것은 결코 있을 수 없는 일이다.

그런데 이들이 핑계를 대며 참석하지 않고 있고, 더구나 누구라도 웃을 수밖에 없는 핑계를 대고 있다. 이야기를 듣는 청중들은 어떤 반응을 보였을까? 이런 상상에 더하여 이 비유를 지금 나도 듣고 있다는 시간의 동일성을 만든다면 복음의 은총을 만끽하게 된다.

결국 누구나, 아무든지 다 데리고 오라는 왕의 명령은 아버지의 마음을 말하는 것이다. 앞으로의 계획도 된다. 그리고 이런 일은 실제로 일어났다. 베드로도 이방인에게 복음을 전했고, 바울은 이방인의 사도라 불렸다. 더 놀라운 것은 복음이 유대인에게서 완전히 이방인들에게로 넘어갔다는 사실로, 이것은 우리에게도 믿음과 선교의 큰 교훈의 한 획을 긋게 한다.

복음서 해석의 기초와 설교
복음서 속으로 들어가기

1판 1쇄 인쇄 _ 2021년 12월 24일
1판 1쇄 발행 _ 2021년 12월 30일

지은이 _ 나석주
펴낸이 _ 이형규
펴낸곳 _ 쿰란출판사

주소 _ 서울특별시 종로구 이화장길 6
편집부 _ 745-1007, 745-1301~2, 747-1212, 743-1300
영업부 _ 747-1004, FAX 745-8490
본사평생전화번호 _ 0502-756-1004
홈페이지 _ http://www.qumran.co.kr
E-mail _ qrbooks@daum.net / qrbooks@gmail.com
한글인터넷주소 _ 쿰란, 쿰란출판사
페이스북 _ www.facebook.com/qumranpeople
인스타그램 _ www.instagram.com/qrbooks
등록 _ 제1-670호(1988.2.27)
책임교열 _ 이화정·박은아

 ISBN 979-11-6143-642-5 03230

책값은 뒤표지에 있습니다.